林希美 著

钱锺书传

先生的1910到1998

U0126026

台海出版社

图书在版编目（CIP）数据

钱锺书传 / 林希美著 . -- 北京：台海出版社，2022.5

ISBN 978-7-5168-3240-0

Ⅰ．①钱… Ⅱ．①林… Ⅲ．①钱钟书（1910-1998）
—传记 Ⅳ．① K825.6

中国版本图书馆 CIP 数据核字（2022）第 036762 号

钱锺书传

著　　者：林希美			
出 版 人：蔡　旭		封面设计：末末美书	
责任编辑：曹任云		策划编辑：肖素均	

出版发行：台海出版社

地　　址：北京市东城区景山东街 20 号　　　邮政编码：100009

电　　话：010-64041652（发行，邮购）

传　　真：010-84045799（总编室）

网　　址：www.taimeng.org.cn/thcbs/default.htm

E - mail：thcbs@126.com

经　　销：全国各地新华书店

印　　刷：运河（唐山）印务有限公司

本书如有破损、缺页、装订错误，请与本社联系调换

开　　本：880 毫米 ×1230 毫米　　　1/32

字　　数：146 千字　　　　　　　　印　　张：8

版　　次：2022 年 5 月第 1 版　　　印　　次：2023 年 1 月第 1 次印刷

书　　号：ISBN 978-7-5168-3240-0

定　　价：49.00 元

序言
人生是一场在"围城"中不断破城，又重建的过程

即使你没有读过《围城》，你也应该听过：围在城里的人想逃出来，城外的人想冲进去。对婚姻也罢，职业也罢，人生的愿望大都如此。

钱锺书创作《围城》时，已经历了珍珠港事变，处于上海沦陷时期。此时，上海是大多数人的"围城"，但却不是他的"围城"。他在狭小的天地里创作、读书，与妻女逗趣，与友人闲谈，获得了比常人更为广阔的自由。这一时期，他写下这本思索了很久的小说——《围城》。

他认为，自己已看透人生，他不是"城里人"，也并非

"城外人"，他是站在上帝视角的智者。他娶才女杨绛为妻，没有想要"冲出"婚姻这座城墙的欲望。他天生不慕名利，对于名誉堆起的高山，也并不想要攀爬。

他只是一个追求学问的人。殊不知，追求学问也是一座"围城"，只要人还有所求，便逃不出身陷"围城"的命数。

可是，人就该无所求吗？非也！

假如一个人生无所求，那他很容易会成为一个"无用"之人。上天造出我们，并非要让我们一无所长，一无所用，而是为了让我们成就更好的自己。

事实上，当我们意识到人生有"围城"时，我们才会想要打破它。当如钱锺书一样，在学问的"围城"里，不断打破、重建，最终归于平凡，活出无所谓"城里城外"的人生态度。

历史倒回到19世纪初期。那时，中国还是大清的天下。这个统治了近三百年的王朝，因辛亥革命的爆发彻底瓦解。

历史突破了它的"围城"，重建了一个新的时代。

钱锺书生于清朝末期，那个动荡的年代。不过，因为他出身大户人家，这些动荡与他并无太大关系。他在缓慢的时光里，读着书，做着游戏，模仿着小说里的人物。那时，他不知道学问为何物，只知道读书是一种乐趣，这里面有他从未见过的世界。

那时，他是一个想要冲进"围城"的人，如饥似渴地希望打开一座座文化宝库。待他长大，走进校园，他才知道原来世界上还有其他国家，其他文化。为了探索未知世界，他开始努力地自学英文，试图解开另类密码。

后来，他留学、作诗、写文章、编著诗词等，都是为了打破这一座又一座城墙，让自己站得更高，看得更远。

正因为钱锺书知道"围城"的存在，所以他总是在想办法"打通"中西文化，还学术一片更为广阔的天地。

人生有"围城"不可怕，可怕的是身在"围城"而不自知。

他的笔，便喜欢书写这些"不自知"的人。他希望通过自己的文章，让沉睡的人醒来，让打不通的打通，这是一个文人的悲悯之心，也是一个学问家的责任。

书是什么？西汉刘向曰："书犹药也，善读之可以医愚。"清朝大儒曾国藩曰："静坐自我妄为，读书即是立德。"培根则说："读书足以怡情，足以傅彩，足以长才。"

对于钱锺书来说，书是他的生命，是他打开城门的钥匙。这一座座城墙，非要练就一身硬功夫去硬拼，去打破它吗？

大可不必！找到钥匙，你完全可以大大方方地走出去！

事实上，人生就是不断解锁的过程。换句话说，是在"围城"中不断打破城墙，又重建的过程。

普通人有普通人的城墙，作家、艺术家也有自己看不见的另一面世界。

俗话说，一千个读者心中有一千个哈姆雷特。钱锺书在现代文学领域里已是德高望重的巨匠，其学问之浩博，常人难以企及。

不过传记本身，并非研究文学的学术论文。它更多的是探索传主的生活故事，以及做学问的点点滴滴。在这本传记里，记录了钱锺书的为人之道，有他的婚姻相处之道，也有他的做学问之道。与阅读他的皇皇巨著相比，翻一翻他的传记，反而能让人看到一个不一样的钱锺书。

他的智慧，后人受益良多。他的生平故事，也会给人深刻启迪。

无论身处哪个时代，人都需要一个高山仰止的榜样。他是我们的照路明灯，是我们不断求索的领路人，是我们想要放弃时给我们鼓励的人。

钱锺书是天纵之才，可是他的成就也离不开他自身的努力。这样的天才都在孜孜不倦地追求着，我们常人又怎能放弃对知识的探索和渴求？

这就是传记的意义。我们了解一个人物，并非是为了看一看他的生平，然后捂住嘴巴说一句"好厉害呀"，而是我们自己能从传主身上看到什么，学到什么，然后把它变成自己的营养。

他是唯一的钱锺书，你也是唯一的你。

记得上绘画课时，老师曾说："我们来世间走一遭，为的不是学个手艺，也并非一定要成就什么，而是为了在临走的时候，能够带走一个更为洁净的灵魂。这才是我们来一趟的目的。"

当你越来越洁净，灵魂上的"淤泥"自然就越来越少。当你的灵魂变得越来越轻灵，这世间的人、事、物，也自然再也不能困住你。

"努力"二字从来都不是"鸡汤"，而是一个人最为实在、踏实、平凡的生活。

有些事，非要时间不可，打破自己也是如此。

共勉，是为序。

目录

第一章　江南天才初长成

不凡的钱氏家族

自古以来，但凡有成就的作家、学者、艺术家等，都会写一本自传。即使他们没有留下长篇大论的自传，也会简单地写一个小传，或者在活着的时候请人代为作传。他们不想让后人误解自己，能在活着时讲清楚的事情，没必要待后人揣测。

有人建议钱锺书写自传，他听完无奈地笑了一下。他认为，回忆是最靠不住的东西。当一个人回忆时，想象力会变得异常丰富，离奇又惊人。他不想被回忆捉弄，所以不愿写自传。同时，他不愿亲自写下材料和题目，送到"考据家"的手中。所以，这种"想象力丰富"的工作，他留给了想要为他作传的人。

不过，传记终归不是小说，人物经历不能虚构。钱锺书说："自传就是他传，他传就是自传。"意指他人"考据"来的可以当作"自传"，"自传"加了"回忆的想象"反而成了"他传"。

所以，"考据家们"代写传记，纵是"他说"，也算有

"自"的成分。这个"自"，是传主的亲身经历；是人们采访他时，他说出来的亲身感受；是他的家人、亲友，留下的只言片语。

"考据家们"以此为依据，广泛搜罗材料，才有了传主不凡的一生。

钱锺书的一生是不凡的，在学术上的地位和成就也是不凡的。他的《围城》曾轰动一时，是流传于世的经典作品。他的《管锥编》博大精深，包含了古今中外各种学问，少有人敢说一定读懂了它。他的散文、诗作、评论，更是一部大书，像极了他的一生，历经万般坎坷，仍是恣意洒脱。

如果这世间有谶语，那钱锺书便有"谶作"。他的《围城》不仅困住了世间人，也让自己置身于"围城"之中。

不过他认为，身边有了"最才的女"，人生经历的所有磨难与劫难都不算什么。毕竟，除了学问外，没有什么比与夫人杨绛相视一笑，与她携手共度余生更重要的了。

有时，他会站到"围城"上面，看一看在"围城内外"来来往往的人。见他们还不肯清醒，也会说些至理名言劝一劝他们。

无奈，很多人是劝不醒的。于是，他以身作则，用对学问孜孜不倦的追求，为人们树立了一个榜样。

这学问一做，就是鸿篇巨制。这些作品，虽是学术，但也是做人的学问。那懂得了，是否就能醒过来?

这或许没有答案，但开卷有益，这总是一件好事。

宣统二年十月二十日（1910年11月21日），钱锺书在无锡出生。他原名仰先，字哲良，后改名锺书，字默存，号槐聚。钱锺书的"锺"字讲起来，离不开他家族按族谱字辈起名。

钱氏家族往前追溯，可至极早，据钱基博在《无锡光复志·自叙篇》中所载，是"得姓于三皇，初盛于汉，衰于唐，中兴于唐宋之际，下暨齐民于元明，儒于清"的世系。钱镠（吴越武肃王，五代十国时期吴越开国国君）之后相传十世左右，钱氏一支搬迁至无锡梅里堠山，成为堠山钱氏始祖。

堠山钱氏在无锡经历宋元明清，至清末民初，钱氏已有一房在无锡中心七尺场造屋定居，这便是当地有名的"钱家大院"。这所大院的大门旁，立着一副古刻楹联："文采传希白，雄风劲射潮。"希白，指宋代文学家钱易，他才学赡敏，真宗时以第二名及第。下联则是指钱镠，传说吴越王钱镠，在杭州时曾指挥大军发箭射潮，修筑海塘，才有了今日的"钱塘江"。钱氏一族文武双全，以文采长传不衰，正如钱基厚在《孙庵私乘》中所说："钱家历代无大显贵，但多读书有成者。"

太平天国运动爆发时，钱锺书曾祖带领全家避乱江北，战乱平定后又回到无锡。钱锺书曾祖以下，按"福、基、锺、汝、昌"字排辈。曾祖共生五子，大房钱福炜，是清朝的举人。二房、三房姓名不详，不过二房也曾中举。四房钱福炯，号祖耆，他是钱锺书的祖父。五房避难时留居江阴。

钱福炯是一个秀才，手里有祖传租田三四十亩，由于大哥是中过举的县学教谕，其岳父又是无锡的大地主，所以他在无锡被当作小乡绅看待。

钱福炯共生有子女十一人，活到成年的只有大房钱基成（子兰）、二房钱基博（子泉）和三房钱基厚（孙卿），三兄弟共同生活在一个大家庭中。

钱氏家族虽大，但"坟上风水"不好。据杨绛在《记钱锺书与〈围城〉》中写道："据钱家的'坟上风水'，不旺长房旺小房；长房往往没有子息，便有，也没出息，伯父就是'没出息'的长子。"

长房钱基成仅有一女，并无"子息"。钱基博和钱基厚虽然后来子女众多，但按照"钱"例，二房长子出生后是要过继给大房的。所以，钱锺书自一出生，便由他的伯父抱去抚养。

钱基成见到这个"儿子"落地高兴坏了，不敢有丝毫怠慢。在过继当天，便冒雨连夜赶赴乡下，为钱锺书物色了一个身体壮健，奶水充足的奶妈。

钱锺书是钱基博的长子，也是钱福炯的长孙，他所受到的宠爱与呵护是可以想见的。

钱锺书周岁时，家里为他举办了"抓周"仪式。那时，钱锺书还没有名字，大人们要根据他的喜好与"抓周"的物件来确定名字。据杨绛在《记钱锺书与〈围城〉》中写道：

锺书周岁"抓周"，抓了一本书，因此取名"锺书"。他出世那天，恰有人送来一部《常州先哲丛书》，伯父已为他取名"仰先"，字"哲良"。可是周岁有了"锺书"这个学名，"仰先"就成为小名，叫作"阿先"。

但"先儿""先哥"好像"亡儿""亡兄"，"先"字又改为"宣"，他父亲仍叫他"阿先"。〔他父亲把锺书写的家信一张张贴在本子上，有厚厚许多本，亲手贴上题签"先儿家书（一）（二）（三）……"；我还看到过那些本子和上面贴的信。〕

伯父去世后，他父亲因锺书爱胡说乱道，为他改字"默存"，叫他少说话的意思。锺书对我说："其实我喜欢'哲良'，又哲又良——我闭上眼睛，还能看到伯伯给我写在练习簿上的'哲良'。"

钱氏家族以文采长传不衰，所以钱锺书抓到书，对家人来说是一件极为平常的事。在他们看来，钱锺书将来也能中举，得个秀才。毕竟，"钱家历代无大显贵"，不过他们也没想到，后来的钱锺书成了"读书有成者"。

这或许依旧不够显达，但这也正是读书人的气节。他们一心向学，又怎会被"显贵"迷蒙了双眼？

钱锺书从小生活在"钱家大院"。这座大院，或许不是他的出生地，但他自幼处在这样的环境中却是无可怀疑的。他在举人、秀才堆中长大，在钱家优渥、富足的环境中成长着。这样的成长经历，注定了他以后成为读书第一，却又"拙手笨脚"的人。

所以，他"拙手笨脚"，宁可做博古通今的烦琐学问，也不愿动笔写一写自己的人生经历。无意义的事，他不愿意干，他的"笨"和"拙"是出于不想做，而不是不会做。

正如人间"显贵"，不是他不能得到，而是不愿意罢了。

被过继的万金郎

世间事，本就无法捉摸。因为你不能解释，为何抓周会影响孩子的一生。也不能解释，为何一个家族能长传文采。

更不能解释，为何钱家不旺长房旺小房。

钱家人对钱锺书这位长子寄予厚望，却忘记了他们家还有另一件无法让人解释的事，这便是长子无子息。即使长子有儿，通常也不能成器。钱锺书是长子，冥冥之中注定了，他要么无子息，要么子息不成器。

钱锺书衣食无忧，受尽了万般宠爱。待他长到两岁时，便开始接受启蒙教育。据杨绛在《记钱锺书与〈围城〉》中所载：

锺书四岁（我纪年都用虚岁，因为锺书只记得虚岁，而锺书是阳历十一月下旬生的，所以周岁当减一岁或两岁）由伯父教他识字。伯父是慈母一般，锺书成天跟着他。

伯父上茶馆，听说书，锺书都跟去。

锺书是大伯父的心头肉，大伯父对他自然宠溺。但钱锺书的父亲却不以为然，更怕大哥带坏了孩子。

大伯父是锺书奶奶最疼爱和最信任的人，尽管他已人到中年，却时常能像小孩子般得到奶奶的奖赏。什么瓜果梨桃，好玩的，好用的，都少不了大伯父的。老太太常对锺书的爷爷说："老大买东西，又便宜又好，不像两个兄弟那样不知物力。"

钱基博是"不知物力"的儿子，当他提着物品回来，老太太听完购物价格，通常会不满意地说："你买的东西既不好，又贵，真是个书呆子。"钱基博听完很不服气，便暗中观察大哥，才发现原来大哥欺骗了老太太。大哥每次买东西，给老太太报价格时，一定会说得便宜许多，然后自己出钱贴补差额。

钱锺书的大伯父出钱贴补，并非欺骗自己的母亲，很可能是出于孝心。然而，在钱基博看来，这位脾气随和的大哥并不适合教育孩子。他怕锺书长大了没出息，所以建议大哥把孩子送入小学念书。

钱锺书虚岁六岁时，入秦氏小学读书。这是一所私立学校，在这里他几乎没学到什么东西，只是跟着老师学习识字、造句，也不知用功。

钱锺书上学不到半年，突然生了一场病，一家人大为惶恐，甚至请来巫祝为他"招魂"。病好以后，伯父心疼钱锺书，又借此机会让他停学在家了。

叔父钱基厚的长子叫钱锺韩，生于1911年6月，比锺书小半岁。他们两个小兄弟经常一起玩，一起读书识字，关系很好。钱锺书虚岁七岁那年，两位小兄弟又一同在亲戚家的私塾附学，钱锺书学习《毛诗》，钱锺韩学习《尔雅》。亲戚家离钱家太远，每天上下学都要家里人去接送，很不方便。

一年后，两兄弟退学了，又开始由大伯父教育他们。

钱基博和钱基厚之所以把孩子们送到私塾去读书，就是不想让大哥教孩子。现在，大哥又以接送不便、孩子不知用功为由想要亲自教育，这可愁坏了钱基博、钱基厚。可是，他们也无可奈何，因为他们反对的话，大哥一定会拿出兄长的架势，说："你们两兄弟都是我启蒙的，我还教不了他们？"

长兄如父，说出来的话便是"圣旨"，谁又敢反对？

说起来，钱基博的担心不无道理，因为他领教过大哥的教育。大哥心软、慈爱，如果以这种性格教育孩子只会害了孩子。

钱基博小时候，本来应该由钱基成启蒙，可是钱福炯却认为钱基博太笨，钱基厚聪明，所以替钱基博找了一位文理较好的先生来教。那人对钱基博的教育很严苛，钱基博稍显"笨拙"，便会遭到痛打。大哥心疼弟弟，求父亲钱福炯，说两个弟弟最好由他来教。事实上，钱基博不怕挨打，只怕自己学无所成。他告诉钱锺书："不知怎么的，有一天忽然给打得豁然开朗了。"

钱基博和钱基厚有工作，家务便由钱基成料理。钱锺书和钱锺韩跟着大伯父读书，只在下午上课。每天早上，伯父会去茶馆喝茶，料理杂务，或跟熟人聊天。他每次出门，都会带上钱锺书。有时，还给他买些大酥饼、猪头肉或酱猪舌吃。

钱基成也是有才气的人，诗也写得不错，虽然钱福炯认为他"文笔不顶好"，只是因为他娶了江阴富户毛氏为妻，才开始被父亲看不起。

毛氏家做颜料生意，做得极大，家里有七八只运货大船，是当地有名的暴发户。毛氏家看不起穷酸书生，认为太过清贫。毛氏自嫁过来后，又与婆婆不合，使得毛家人过年过节送礼，也只送到毛氏这里，几乎不与钱家往来。

这样的媳妇自然不得公公和婆婆的欢心，接着钱基成也成了他们的"眼中钉"。钱基成考中秀才时，一进门就挨了钱福炯的打，说是"杀杀他的势气"，其中就有对儿媳妇的不满。

可能因为日子不好过心里委屈，也可能为了彰显毛家富足，总之毛氏有了阿芙蓉癖，钱基成也跟着抽上了大烟。有了这个嗜好，钱基成无法出去就职，离不开家，只好料理家务，求学之路也就此断了。

钱基博和钱基厚的担心，钱基成全看在眼里。他知道自己学无所成，孩子们跟着不会有出息的，同时也怕应了风水先生的话，连累钱锺书，所以特意去了祖坟改风水。

他从理发店买了几斤头发，叫一个佃户陪着，带着钱锺书来到了祖坟。钱家祖坟上首边上长着细小稀疏的小树，下首却长着高大茂密的大树。这正是长房衰弱、偏房子孙旺盛的象征。

钱基成把买来的头发放进挖好的洞里，钱锺书看得莫名其妙，便问大伯父："这是做什么呀？"

钱基成说："这是叫上首树木茂盛的意思，将来保你做大总统。"

七八岁的钱锺书并不知道"大总统"是什么意思，只知道这一切都是出于伯父对他的爱。伯父偷偷地做，钱锺书便为他悄悄地保守着秘密。这个秘密一守就是几十年。

后来，他想起这段往事，仍感念伯父对他的爱。许多年后，钱锺书心里记得的，也是伯父给他在练习簿上写"哲良"的场景。

在杨绛的笔下，钱基成不讨钱福炯喜欢，所以钱锺书过继给钱基成后，也成了不得宠的孙子。这大概算是迁怒吧，不爱一个人，即使是他最爱的孙子，后来也会变得不再喜欢。

因为在他看来，这个孙子的身上，慢慢地会沾上钱基成身上的缺点与坏处。可是也不能否认，正是因为一个人一无所成，所以才更急切地渴望后辈能光宗耀祖。

大人们各有各的小算盘，钱锺书在这样的家庭之中，却没有被污染。他活得简单、干净，只想让伯父的宠爱再多一点。

那时的钱锺书虽然不知用功，不过好在他后来足够争气。大伯父没有白宠爱他，他做到了"光宗耀祖"，为伯父争回了那口气。

这或许是大伯父埋的头发起了作用吧，但谁说得清楚呢？

钟情于书

一个人能成就怎样的事业，一半来自先天的个性，一半来自后天的教育培养。先天的个性是天分，但如果没有后天的培养，几乎很难成才。不过，如果一个人没有天分，仅凭后天的培养和努力，也仍然难以有所成就。

钱锺书抓周时抓到了书，长大后很喜欢读书，这得益于他的天分。每天他和伯父在茶馆喝完茶后，伯父会给他两个铜板，让他能在小书铺子或书摊上租一本小说看。家里的小说，只有《西游记》《水浒传》《三国演义》等。这些书钱锺书闲来无事时，早就读完了。他会把"猷子"读作"岂子", 也不知道在《西游记》里, "獃子"就是猪八戒。

在书摊上租来的书, 是不登大雅之堂的, 家里从来不藏。像是《说唐》《济公传》《七侠五义》等, 钱锺书常租来看。他喜欢这些小说, 读完后还把小说里的故事情节演说给他的弟弟听。钱锺书一边演绎, 一边纳闷, 他不能理解, 为何一条好汉只能在一本书里称雄。比如, 假如关公进了《说唐》, 他的青龙偃月刀只有八十斤重, 便敌不过李元霸那一对八百斤重的大锤。若是李元霸进了《西游记》, 孙悟空的金箍棒他又怎能敌得过?

钱锺书能把小说里各件兵器几斤几两记得清清楚楚, 也能把小说里的人物全数记牢。他甚至还喜欢模仿小说里的情节, 用绳子从高处吊下一个棉花袋, 然后上下左右地打说是"打棉花拳", 能练软功。

钱锺书在文学、文字方面, 表现出了异样的天分, 家人为他高兴。但他在数学方面, 却又表现得异样"蠢笨", 令父亲很担心。他不认识阿拉伯数字1、2、3, 对数学毫无兴趣, 伯父宠爱钱锺书, 并不认为这有什么问题。

钱基博不敢得罪大哥, 只好偷偷地把钱锺书抓回去学数学。钱锺书学不会, 气得父亲想狠狠打他, 但又怕大哥钱基成听见。为此, 他只好拧钱锺书身上的肉, 还不许他哭。钱锺书回到伯父家里, 晚上脱下衣服睡觉时, 伯父发现他身上一块青，一块紫，才知道弟弟拧了宝贝"儿子"。

钱基成又气又恼，可也不能拿弟弟怎样，毕竟，他才是孩子真正的父亲。

后来想起这件事，钱锺书很同情父亲的着急，也同情伯父的气恼，更同情自己的忍痛不哭。三个人都没错，错就错在老天没有给他学数学的天分。

钱基博不甘心，只要逮着机会，一定会偷偷管教锺书。因为他发现，锺书除了数学学不通外，还跟着大哥学坏了，像是读不正经小说荒废了功课、晚睡晚起、贪吃贪玩等。

别人家是"严父慈母"，钱锺书的教育是严父慈伯。伯父的慈爱和父亲的严厉，表面看来是矛盾的，对立的，但这两种爱护不期然地形成了一种配合。伯父宠爱着，让钱锺书的性情得到了自由的发展。而正因为有了"一本正经"的父亲，才又让钱锺书变得守规矩。

钱锺书的母亲姓王，是近代通俗小说家王西神的妹妹。据杨绛说，婆婆是一位"沉默寡言，严肃谨慎"的人，公公则是"一本正经"，如果钱锺书只接受父母的教育，他定然不会成为"痴气盎然"的人。钱锺书的性格，更像伯父。

除了书以外，钱锺书还喜欢绘画。如果说在文学上他有天分，那在绘画上则是他无论怎样努力，都表现平平。

那时，他常用包药的透明纸来临摹伯父藏的《芥子园画谱》或《唐诗三百首》上面的插图。每临好一幅图，他就要提笔写下自己的名字。然而，他写下的并不是钱锺书，而是"项昂之"。"项"指项羽，因为他最佩服项羽。"昂之"，则是他想象中的项羽的气概。不过，在绘画方面，钱锺书不算有"气概"。因为他虽恨自己不善画，但却并没有立志要做出些什么成就来。钱锺书知道，许多事情需要天分，不擅长的便只能玩一玩，不能认真。后来，他长大了，上大学了，成家了，还是会画上几笔。他在笔记本上画，在妻子的脸上画，在女儿的肚皮上画，甚至还求着女儿阿圆为他临摹西洋"淘气画"。绘画是钱锺书陶冶情操、为生活增添趣味的喜好，是他读书做笔记时，比文字更为精准的表达。

杨绛说钱锺书"痴"，这指他对读书的痴迷，对于学问的认真，以及对于生活的不擅长。不过，对于绘画的主动放弃，也算作一种"痴"吧。倘若他不"痴"，以为自己在绘画方面一定能有所成就，那他也便没有时间去做学问了。

这种"痴"，钱锺书还应用到了数学上。他知道自己不擅长数学，所以干脆不学。懂得放手也是一种大智慧。他要把精力放到自己擅长的事情上，他要发挥自己的天赋，像培养小树一般给它施肥、晒太阳、浇水。

年少的钱锺书，还没有确定自己一生要做的事。那时，他只想愉快地玩耍。去书摊租书，也完全是为了娱乐。

钱锺书小时候最喜欢玩的是"石屋里的和尚"。这种游戏是，一个人盘腿坐在帐子里自言自语。伯父伯母叫他早睡，他不肯，无聊了就玩这种游戏。他可能在背书，也可能在编故事，也可能在模仿某本小说里的圣僧。他不记得说过什么了，后来他只记得他玩过这种游戏。

对于钱锺书来说，除了一个人玩会让他感到快乐外，跟着伯母回江阴娘家也让他感到快乐。伯母家有大庄园，他可以跟着庄客在田野里四处闲逛。

有一次天降雷雨，河边树上挂了一条大绿蛇，人们说这蛇被天雷劈死了。他还记得，伯母的娘家人全家老少都抽大烟，他半夜醒来，还会跟着伯父伯母吃夜餐。

吃得好，喝得好，玩得好，钱锺书当然快乐了。这种快乐往往能维持一两个月，等快要回无锡时，他又要发愁了。因为他知道，回到无锡的家后，父亲一定会问他功课，而他在这里一无所学，肯定少不了挨打。

一个人纵是有天分，假如少了后天的严格教育，就会像疯长的小树，被枝枝蔓蔓所扰，难以成材。父亲修修剪剪，加上钱锺书自己施肥浇水，他才能茁壮成长。

有句话叫"爱里生害"。意指溺爱孩子，给他太多的享受会害了他，让他步入社会后不能自己站起来。所以，要使他"劳"。劳并非指劳动，而是要让他知道人生有困苦和苦难，要让他自己去努力学习。只有这样，他才能独自成长，独自去克服困难。

伯父的爱，让钱锺书变"痴"，成了"拙手笨脚"的人。父亲的严厉，一次次的责罚，让他知道读书和做功课都需要认真。

"项昂之"是他最初想要有所成就的向上之力，也是他的内在精神气质。有了这股动力，再加上他的天分和父亲后天的培养，才让他拿出了气概，无论艰难与困苦，他都要在求学之路上走下去。

至于不擅长的，他再不愿想了。

聪明的孩子都是"坏"孩子

聪明的孩子，大多比较调皮、淘气。他们往往灵光一闪，一个恶作剧便产生了。钱锺书是聪明的男孩子，小时候的恶作剧自然少不了。

钱锺书体弱多病，有人说钱家风水不好，家人便租了一座明清式的老宅院居住。不过，自他们一家人搬进这所住宅后，钱锺书的身体不仅没有好转，甚至从来没有离开过药罐。一个人不读书的时候，钱锺书便常常坐在屋子里发呆。

有一天，他突发奇想，认为后院的某个地方一定藏有人参。于是，他一个人在院子里不停地找、挖，终于，他挖到了一个"宝贝"根须。他使劲往外拽，往外挖根须，以为人参即将得手，却不承想大人告诉他，这是院子里玉兰树的树根，这样挖下去玉兰树一定会死。

钱锺书没有得到人参很失落，事实上家人更失落。因为玉兰树半枯了，使得家人在退租时赔偿了房东不少的钱财。

钱锺书不仅喜欢突发奇想，还喜欢模仿小说里的人物。

他们家有一位做活的女裁缝，常带着十岁左右的女儿一起来做工。小女孩长得漂亮，名叫宝宝，比钱锺书、钱锺韩大两三岁。女裁缝做工时，宝宝便跟钱锺书兄弟俩一起玩。有一次，钱锺书和钱锺韩趁女孩不备，迅速将她按倒在大厅的隔扇上。钱锺书负责按住她，钱锺韩则负责用削铅笔的小刀作势在她身上刻字。宝宝吓得大哭，大人们闻声赶来，赶跑了钱氏两兄弟，他们这才没有酿成大祸。

钱锺书和钱锺韩为宝宝刺字，不知模仿的哪本小说中的哪个人物。不过，待大人们散去后，他们受荆轲刺秦王故事的启发，打算给此地"刻碑纪念"。于是，钱锺韩在隔扇上用刀刻下了"刺宝宝处"四个大字。

聪明的孩子想法多，大人们稍不注意，他们便会偷偷地实践自己的想法。在他们看来，世界是新奇的，是值得探索的，殊不知这一次次的探索，在大人们看来却是一次又一次令人头疼的大麻烦。

这时，聪明的孩子会变成坏孩子，淘气调皮的孩子。

钱锺书也安静过，也做过好孩子。

1920年秋天，钱锺书与钱锺韩考取了东林小学一年级。他们入学不久，大伯父便去世了。接到这个消息时，钱锺书正在学校里读书，家里派用人来通知他。钱锺书在归家的路上，不知所措地大哭起来，感觉自己头顶上的天轰然倒塌了。

大伯父爱他，关心他，是他的避风港湾。只要有大伯父在，谁也不能拿钱锺书怎样。如今，大伯父去了，也意味着以后他再不能任性了。

大伯父去世后，父亲钱基博接回了钱锺书。此后，他的一切费用皆由父亲一人承担。钱锺书对父亲既敬爱又害怕，而父亲对钱锺书则是又爱又严厉。父亲严肃板正的脸，让钱锺书与他产生了隔阂，钱锺书无论遇见什么事，都不愿意告诉父亲。

学校让学生购买新课本，钱锺书不肯告诉父亲，上课时只好仰头看老师讲课。他自幼喜欢读小说，不承想读坏了眼睛，上课看不清黑板上的字，他也不愿告诉父亲，让父亲为他配一副眼镜。

钱锺书上课看不清黑板的字，下课后用的练习本是大伯父生前为他订的毛边纸本，没有行格，他写起字来歪歪斜斜的很不规范，他也没有让父亲为他准备新的练习本。

东林小学有英文课。老师建议学生写英文作业时，最好使用钢笔，这样写起英文字来会更规范漂亮。初入学时，大伯父为钱锺书准备了一支笔杆，一个笔尖，两者安装在一起便是一支简易的钢笔。

这支钢笔虽然能凑合使用，但是却不耐用。没多久笔尖折断了，钱锺书没钱买新钢笔，又不愿让父亲为他买新钢笔，他只好把毛竹筷子削尖，然后蘸着墨水写字。竹筷不吸墨，只能蘸一下，写一笔，虽然粗细不均，墨汁还会滴到练习本上，但也完成了作业。

这段时间，家人只知道钱锺书变乖了，听话了，是个好孩子了，不知道的是，他的乖和听话，是因为对父亲的隔阂和恐惧。

至少对于此时的钱锺书来说，大伯父才是他的"爸爸"，而父亲更像是一个外人。

钱锺书不仅学习上遇到了困难不愿意告诉父亲，在生活上遇到困难也不愿意告诉父亲。同学和弟弟都开始穿皮鞋和洋袜时，钱锺书还穿着大伯父生前穿的钉鞋。这双鞋太大，只能趿拉着走路，为了缩小鞋子的空间，他往鞋子里面塞了许多纸团。有一次，上学的路上下起了雨，他见到路边有许多蹦蹦跳跳的青蛙，便将青蛙捉了一些放到了鞋子里。

他光着脚跑进教室后，将鞋子放到了课桌下面。上课后，钱锺书正专心听课，不承想青蛙们一只只地从鞋子里跳出来。同学们被青蛙吸引，个个窃笑偷瞄。老师得知是钱锺书"大闹教室"后，气得将他罚站。

钱锺书不怕罚站，倒是为自己能引起同学们的注意而开心。

不得不说，钱锺书的"坏"是刻在骨子里的。自大伯父去世后，他压抑了太久，这次的"青蛙事件"让他的天性得到了释放，不久他又开始"坏"了起来。

有一次，学生们在课堂上认真听讲，钱锺书见气氛太过严肃，便想活跃下气氛。于是，他拿出弹弓，从口袋里摸出泥丸，对着一个同学的后脑勺射过去。那个同学的后脑勺被泥丸击中，本能地大叫一声。老师得知是钱锺书恶作剧后，将钱锺书训斥一顿，又拉去罚站。

钱锺书被罚站的次数多了，也便觉得没什么了。他一边站着一边乐，甚至为自己的恶作剧成功而开心。

对钱锺书顽劣的性情，钱基博一直很头疼，可他自幼被过继给钱基成，被宠爱得已经养成狂傲、任性的毛病，一时也难以改正。为此，钱基博只能在学问上严格要求他，让他慢慢地改变。

钱基博以国学为主，严格地布置了不少作业。钱锺书不仅要读古文名篇，还要把读完的古书背给父亲听。由此，钱锺书的古文根底越来越深厚，学识也在快速地增长着。

苦于父亲的教导，钱锺书对上课越来越没兴趣，不管是学校教的国文课、英文课还是数学课。他讨厌约束，更不喜欢教条式的学习，除了背父亲规定的书，他只想读自己喜欢的书，背诵自己想要背诵的古书。

钱锺书自由式的学习，老师本该反对，但是他国文总能考好，文采又高超出众，老师也只能让他由着自己的性子去学习了。

事实上，钱锺书的学习方式，钱基博很赞成。钱基博和钱基厚有一个观点，他们认为教科书是无名小卒编写的，要读书，便要读大人物的著作。所以，钱基博从不管学校的作业，也不太关心钱锺书的考试成绩，他更关注的是钱锺书读文史著作、写议论文章的水平如何。

受父亲的影响，小小年纪的钱锺书已经开始了考证工作。比如，他考证出了书中所谓巨无霸的腰大"十围"中的"围"，并不是人臂的环抱，而是一拃。他的考证越是有成果，对于读书他越是有兴趣。

慢慢地，钱锺书果然变成了好孩子。他读书的时间越多，恶作剧的时间也便少了，这让父亲很满意。而父亲钱基博对钱锺书的肯定，也在慢慢地拉近他们父子之间的距离。

自学，让钱锺书越来越喜欢读书。不久，他又开始接触西洋文学，这一接触便发现了一个更广大的天地。他在《七缀集》中写道：

商务印书馆发行的那两小箱《林译小说丛书》是我十一二岁时的大发现，带领我进入了一个新天地，一个在《水浒》《西游记》《聊斋志异》以外另辟的世界……接触了林译，我才知道西洋小说会那么迷人。我把林译哈葛德、迭更司、欧文、司各德、斯威佛特的作品反复不厌地阅读。假如我当时学习英语有什么自己意识到的动机，其中之一就是有一天能够痛痛快快地读遍哈葛德以及旁人的探险小说。

发现新天地的钱锺书，在精彩纷呈的世界里遨游着。这个世界，不仅有颜如玉，还有黄金屋，更有培养健全人格的种种法门。

钱基博知道钱锺书的"坏"，不过他并没有管制他，压制他，而是带着他，引领着他往更好的方向走。

事实上，天底下从来没有坏孩子，贪玩是人类的本性。

在孩子能明辨是非之前，他们眼中的世界只有好玩与否，并没有是非对错。所以，与其管教孩子，不如带领孩子走入另一个好玩的世界。

当孩子在新世界里"恶作剧"、探索时，他的聪明也便得到了充分的发挥。

有人说，家庭教育才是真正的教育，学校只是教授知识的地方。若是如此，父亲钱基博才算是钱锺书的启蒙老师，而宛若父亲的大伯父，则更像是一位"慈母"。

慈母多败儿。有时，爱多了，正如一朵花水浇得太多，反而会坏了孩子的根。

根坏了，再好的孩子，也好不了了。

第二章　傲啸清华，心怀世界

天书似的数学

大伯父去世之前，钱锺书也爱读书，不过那时读书只是一种消遣，像是无聊时的一场又一场游戏。大伯父去世后，他走进了知识的世界，彻底地爱上了读书。

1923年，钱锺书与钱锺韩考入了苏州桃坞中学。桃坞中学是一所教会学校，分为中英课程。钱氏兄弟入学时，国学根底深厚，所以国文、中国历史等课程是直接从初二年级开始读的。英文、数理等课程，则从初中一年级开始重新学习。

钱锺书入学后，仍自由地读着书。他对英文、数理都不感兴趣，这些课程也从不挂在心上。桃坞中学每年都要举行作文竞赛，中文和英文作文各举办一次，并公开发榜。入校不久，钱锺书参加了一次作文竞赛，他在初、高中所有学生中，取得了第七名的成绩。一位刚入校的新生取得这样的名次是史无前例的。尽管他数理成绩很差，但老师们却非常喜欢他，而此时钱锺书也才意识到英文的重要性。

钱锺书之所以重视英文，是因为他想要读懂外文小说，并领会作者表达的思想，这必须亲自阅读原版作品。在英文教师的教导下，钱锺书的英文成绩开始名列前茅。不过，他稍微有了英文基础之后，便不再喜欢英语教科书了。他也不再去上英文课，有时即使去上课也从不记笔记，他仍自由地看书，一本接一本地读原版小说，而且越看越入迷。

钱锺书自由地读着英文书，这样的学习方式让他后来总是考第一。在别人看来，这样的方式简直不可取，因为实在不够规范，可他受父亲和叔父的影响，始终认为无论什么样的教科书，都是教师编写的，想要学习更好，只能阅读大师的作品。

《易经》中写道："取法乎上，仅得其中；取法乎中，仅得其下。"指的便是要向更为有学问的老师学习，并取得"法"，这样即使无法超越老师，也能得其"中"。

钱氏家族能以文采风流，长传不衰，实在是因为他们有一套自己的读书法则。

钱锺书在学校里不仅阅读原版小说，还阅读了《天演论》等作品。此时，他的英文水平已高出同校学生太多，连英文老师也无不佩服他地道纯正的英语腔调。

他英文成绩好，在校内颇受英文老师器重。老师让他当班长，也做英文课代表，但没多久便发现他实在不是当"官"的料。

他不记得自己的出生日期，也辨不清东南西北，穿鞋子更是不分左右。现在的他，虽然十三四岁的年纪，但是皮鞋总是乱穿，穿衣服不是前后颠倒，便是内外不分。上体育课时，"向左看齐，向右看齐"，更是乱站乱"看"，搞得老师生气，学生大笑，自己却莫名其妙。

两个星期后，老师罢免了钱锺书的班长之职。钱锺书倒是无所谓，甚至乐得清净，大有如释重负之感。

1924年，钱基博去清华大学任教，钱锺书的功课一时间无人盘问了。少了父亲规定的功课，钱锺书读起书来自由了。他不再专心地读名著，开始沉溺于各种侦探、冒险小说中。

暑假期间，钱基博从北京回到苏州后，第一件事便是考钱锺书和钱锺韩的功课。钱锺韩的文章写得有条有理，议论平正，措辞文雅。钱锺书读了许多外文小说、杂志和"俗书"，作起文章来词意怪诞、用字庸俗，文章也写得不文不白。

钱基博读罢钱锺书的文章大怒，狠狠地打了他。钱锺书自知这样下去一定会不成器，痛哭过后决定发愤用功，再不让父亲失望。

自此，钱锺书开始阅读《古文辞类纂》《骈体文钞》《十八家诗钞》等古书。他由偷懒变为自觉，由杂览改为专攻，由散漫创作改为规矩作文章。钱锺书的改变让他在文学方面的天分逐渐凸显出来，一时间他的文学水平大大超越同校学生。

这暂时小小的成功，令他培养出了对于文学的自信，并立志要在文学上出人头地，超越更多人。

1927年，受北伐军影响，桃坞中学停办了。不久，钱锺书和钱锺韩又一同考入了无锡铺仁中学。

这所学校不是正式的教会中学，是由无锡圣公会的中国公友集资创办的私立学校。少了公费的资助，便只能靠学生所缴的杂费来维持，教学条件自然差了很多。不过，课程内容还算能跟上时代，尤其特别重视理工课程。当时正是新旧学制更易之际，为了让学子们考上好的大学，铺仁中学已采用新制。

来到这所学校，钱锺书很是头疼。他理工课程太差，尤其数学部分，读起来简直如读天书。他不擅长逻辑推理，所以对数、理、化深恶痛绝。他越是拒绝学习数理化，这天书似的课程越是搞不明白。

钱锺韩文、理成绩较为均衡，尤其在数学方面的天分很高。钱氏兄弟读高二时，学校举行了国文、英文、算学三门课程的比赛，钱锺书国文、英文得了全校第一，钱锺韩国文、英文得了第二，数学得了第一。只是，纵是身边有一位天才似的钱锺韩帮忙辅导，钱锺书的数理功课仍是无法提升。

钱家人很是无奈，但最终接受了这个事实。

钱锺书在铺仁中学一直发奋读书，为日后创作打下了更为坚实的基础。钱基博学风严谨、平实，擅长说理论事，而钱锺书文辞华丽、文风飘逸，与父亲大不相同。他不喜欢父亲教授的创作方式，他经常别出心裁，在既定的古文里翻新出奇，尝试找到自己的风格。钱基博慢慢地接受了钱锺书的创作风格，有时还让钱锺书代他写书信。

后来，商务印书馆想要出版钱穆的作品《国学概论》，钱穆向钱基博征序，钱基博想考考儿子，便让钱锺书代笔。

钱锺书接到父亲的指令，稍加思索，很快写出了一篇序。钱基博读完以后，仔细推敲了数遍，认为实在无须修改一字，便一字未动地交给了钱穆。直到《国学概论》出版，也几乎无人看出来，序是出自钱锺书之手。

能骗得过大学者和古文家们，钱锺书的文章水准已达到了令人拍案叫绝的地步。

人无完人，钱锺书在文学方面的天赋，让注重理工课程的铺仁中学也对他放手了。这并非放弃了他，而是他的文学光芒太过耀眼，足以掩盖他理工方面的不足。

1929年3月21日，钱锺书的大伯母去世了。她虽不是钱锤书的生母，但胜似生母。此后，世间又少了一位爱他、懂他的人。大伯父去世时，钱锺书年纪太小，除了抹鼻子痛哭外，实在不知道该如何表达他悲痛的情绪。如今，他长大了，其悲伤的情绪已可诉诸笔端了。

5月2日，《南通报》文艺附刊19号上，发表了钱锺书的文章《先妣毛夫人行略》。文章中写道："夫人曰恨在心，新悲填膺，哀可知矣，疾乃深焉。自此三岁，病躯婵媛，起伏迭有，而后差不及前差，后剧必甚前剧。古人示疾，尝以致叹，昔闻厥语，今见斯情……锺书每离膝前，夫人翘思一室，居者之情，盖与行者共之，深思浃肌，而今奚恃，危涕坠心，云胡得已。"

这几乎是钱锺书发表的最早的文字。此文文采斐然，行云流水，其古文技巧已相当老练。

后来，钱锺书成为一代著名的文学家、学者，有人问他如何增进自己的古文功底，他的回答是，他的古文功底是被父亲逼出来的。

西洋文学、西方写作方式，在那个时代正在流行。钱锺书最初被那些文字、写作方法打动了。他也尝试用西式风格创作，却被父亲硬性规定用"文言文"创作。

钱基博受中国传统文化影响颇深，许多人认为这是一种限制。然而，钱锺书却认为，只有把中文基础打好，再来接触西方文学，才能将两者彻底"打通"，学贯中西。

关于教育，有人喜欢发挥孩子的长处，有人喜欢弥补孩子的短处。弥补短处固然重要，但是一个人一生的时间毕竟有限，用有限的时间弥补短处与不足，那他很可能会失去擅长的部分。倘若钱基博逼着钱锺书学理工，那他花在文学上的时间自然会少，文章也便不会如此出众老练了。

对于孩子的教育，钱基博经常想到苏洵。他也渴望自己能培养出一代文学家，让儿子在文学上有所建树。

正是有此理想，所以钱基博在潮流面前不为所动。而此时的钱锺书更像是一只自由在自的风筝，随着大风自在飞翔。他以为自己得到了阅读上的自由，却不承想风筝的线在父亲手里。父亲掌控着钱锺书的飞行方向，让他不至于飘得太远，太偏。

在钱锺书看来，父亲的管教逼迫太甚，可在一位父亲看来，这是钱锺书今后的立锥之地，钱基博必须"不为所动"，才能为儿子站好每一班岗。直到儿子能独立地站起来，那才是他真正的自由之时。

到那时，钱锺书才能懂得文人的坚守，才能懂得在时代面前，自己也需要"不为所动"，才能真正地做好学问。

"横扫清华图书馆"

人们常说的一句话是，不忘初心，方得始终。初心，每个人都有，但能得始终，却太难太难。父母、生活、现实，每一个都可能影响你的抉择，使你远离初心。想要保持初心，便要在人生经历种种坎坷和磨难时，都不为所动。

钱锺书在古文上下的一番功夫，终于赢得了父亲钱基博的称赞。他用一篇篇文章向父亲证明，自己可以在古文方面"毕业"了。

1929年，钱锺书和钱锺韩高中毕业。随后，他们一起报考了清华大学。钱锺韩报了理工科专业，钱锺书则根据自己的兴趣爱好，选了外国语言文学专业。这一年，他确定了自己的初心，是以后能痛痛快快地读完哈葛德以及所有西洋小说家的探险小说。

钱锺书的报考志愿，钱基博没有反对。钱基博知道，儿子长大了，且已有了自己的理想，现在的他应该放手了。

钱基韩一直成绩优异，且不偏科，被清华大学录取是顺理成章的事。然而，钱锺书想要被清华大学录取却有一定的困难，因为数学考试对他而言，简直是一场灾难。

最后，钱锺书以国文和英文第一名，数学15分的成绩被清华大学拒绝了。因为按照清华大学的招生规定，只要有一门课程不及格便不予录取。虽然钱锺书的总成绩排五十多名，但录取老师仍不敢做主录取他。老师把钱锺书的成绩报告给清华大学校长罗家伦定夺，罗家伦看到钱锺书的国文、英文成绩，赞叹他是一位天才，便不顾学校规定，破格录取了钱锺书。

钱锺韩在考试中，总成绩名列清华大学考生第二名。除了清华大学以外，他还考上了上海交通大学。他虽然成绩优异，但在文学上始终不如钱锺书，感觉自己很是平庸。这些年，钱锺书和钱锺韩手足情深，从小一起长大，本来应该一起步入清华大学，继续兄弟情谊。奈何他想走一条不一样的道路，所以他选择了去上海读书。

钱锺韩长大了，有了自己的理想，家人没有反对他的选择。后来，钱锺韩到英国留学，成了我国著名自动控制理论及应用专家，曾任东南大学校长、江苏省政协主席、中国科学院院士、国务院学位委员等。

少了钱锺韩的同行，钱锺书只好一人北上到清华大学报到。他初到清华大学，便见了校长罗家伦。

罗家伦字志希，笔名毅，浙江绍兴柯桥人。他是我国近代著名的教育家、思想家和社会学家。他早年求学于复旦公学和北京大学，是蔡元培的学生，于1928～1930年出任清华大学校长。

罗家伦爱才，与钱锺书相见后，认为录取钱锺书是自己的平生得意之作。不过，钱锺书认为，自己英文和国文成绩不错，被录取也不算很大的事。只是，他仍以鞠躬感谢了罗校长的破格录取。

钱锺书入学不久，便以古文功底和卓越的才华震惊了全校师生。校友郑朝宗说："钱锺书是外文系的一个尖儿，许多老师都对他另眼相看，他不是他们的弟子，而是他们的顾问。"

清华大学名流学者云集，得到师生的认可，钱锺书理应高兴。不过，他对此却不是很在乎，他只想丰富自己，把精力放到读书上。现在他最大的志愿便是"横扫清华图书馆"。

钱锺书是名闻全校的才子，同时，他的努力也很出名。在同校的学生中，他借书之多，阅读之丰富，恐其他学生不能与之匹敌。钱锺书除了阅读中外小说，还阅读了哲学、心理学等中西新旧书籍。他中英文书全部阅读，终日书不离手。

如果当日需要上课，他也从不记笔记，只一面听讲，一面读闲书。他读书还有一个怪癖，他喜欢一边读，一边用铅笔画下满意的句子，并在书旁写下评语。后来，清华大学的藏书中，有不少画线和记录下评语的书，这些大多出自钱锺书之手。

钱锺书不仅自己读书，也鼓励别人读书。见别人读书的步伐总是赶不上自己时，他渐渐地有些疏狂了。他开始挑剔老师，除必修课程外也不再读选修课程。

吴晗的年龄比钱锺书大。那时，吴晗经常在报刊上发表文章，在学术上已有了相当的地位。他文史成绩十分优秀，数学成绩却比钱锺书还差，也是被破格录取的学生。有一次，吴晗写了一首讽刺时事的诗，发表在《清华周刊》上，并请钱锺书指教。钱锺书读完，提笔回赠了他一首诗："精研博综一身兼，每读高文意不厌。余事为诗亦妙绝，多才多艺太伤廉。"

钱锺书希望吴晗能写出更多、更优秀的作品。那时，钱锺书与吴晗及其他人，经常效仿学者们的作风，彼此交换诗作，一起探讨学术、时事等。

除了读书交友外，给钱锺书巨大收获的还有清华大学的老师。当时，外文系授课的老师有杨振声、王文显、叶公超、温源宁、吴宓，外籍老师有普来僧、瑞恰慈、毕莲、翟孟生，以及温德等教授。

这些教授都是当时著名的学问家，在国内外有一定的地位和影响力。在众多老师中，对钱锺书影响最深的有五位老师。他在《谈交友》中写道："我有大学时代五位最敬爱的老师，都像蒲伯所说，以哲人导师而更做朋友的，这五位最敬爱的老师，以及其他三四位好朋友，全对我有说不尽的恩德。"

这五位老师具体是谁，钱锺书从未说过，但是吴宓却一定是他人生中不可或缺的一位。

吴宓，陕西泾阳人。1916年清华大学毕业，随后赴美留学，就读于弗吉尼亚大学英文系。一年后，转入哈佛大学比较文学系，师从白璧德。1925年，吴宓出任清华大学国学研究院主任，教授"翻译术"课程。1926年，任清华大学外文系教授，讲授"古代文学史""西洋文学史分期研究""中西诗文比较""诗译""西洋文学概要"等课程。吴宓长期倡导文学比较研究，又仿照牛津大学、剑桥大学的方法和中国书院制度，聘请梁启超、王国维、陈寅恪为导师，培养了大批人才。

在清华大学的导师中，他最为推崇陈寅恪，在众多学生中，他最为推许钱锺书。关于吴宓对钱锺书的喜爱，郑朝宗在《但开风气不为师》中写道："一天，吴宓教授和几位青年学生在清华园的藤影荷声馆里促膝谈心，兴趣正浓，吴先生忽发感慨说：'自古人才难得，出类拔萃、卓尔不群的人才尤其不易得。当今文史方面的杰出人才，在老一辈中要推陈寅恪先生，在年轻一辈中要推钱锺书，他们都是人中之龙，其余如你我，不过尔尔。'"

　　吴宓在其他人面前称赞钱锺书，可见对于钱锺书的认可。事实上，吴宓是对钱锺书影响最大的一位。是吴宓让他懂得了"文学的延续"，懂得了如何对"旧"文学与视界之内的文学做比较和研究。

　　后来，钱锺书毕业离校，仍与吴宓保持着密切的联系。如果父亲是钱锺书"旧"文学的领路人，那吴宓则是他比较文学的指路人。

　　另一位与钱锺书有深厚交情的老师是叶公超。叶公超，名崇智，字公超。他曾在美、英两国留学，得到过美国诗人罗伯特·弗罗斯特（Robert Frost）的赏识，就读英国剑桥大学时又与英国诗人托马斯·斯特尔那斯·艾略特（T.S.Eliot）相识，并受艾略特的思想影响很深。据说，叶公超初见钱锺书，便对他说："你不该读清华，你该去牛津。"

　　叶公超的一句话，钱锺书听进去了。他大学毕业后便考入了牛津大学，留学国外。出于对这位老师的感激，钱锺书曾写过一首七绝诗赠送："毁出求全辨不宜，原心略迹赖相知。向来一瓣心香在，肯转多师谢本师。"

　　除上述两位老师外，与钱锺书关系密切的另一位老师便是温源宁了。他是北大外语系主任兼清华大学教授。钱锺书敬爱的五位导师中，其中一位很可能便是他。温源宁毕业于英国剑桥大学，有着极高的文学修养。他们师生的故事中，最为著名的便是温源宁用英文写过一组小品文，名字叫作《不够知己》（今译《一知半解》）。有人怀疑这组文章出自钱锺书之手，逼得钱锺书不得不出来辩白澄清。后来，温源宁与林语堂创办了《天下》月刊，钱锺书是被特邀的创办人之一，可见他们师生感情的深厚。

钱锺书在清华大学读书期间，与之来往密切的老师还有张申府、温德等，其亦师亦友的感情也较为深厚。

那些年，钱锺书不仅"横扫"清华大学图书馆，还"横扫"了不少清华大学的教授和老师。钱锺书自幼喜欢臧否人物，对于不喜欢的人和事，他绝对不会假装喜欢。

做人和做学问一样，马虎不得，含糊不得。在文学上，他有自己的见解，在交友上，他也保持着自己的风度与清高。"横扫"是一种阅历，只有见得更多，见识更广，才有主动选择的能力和勇气。

渐渐地，他找到了未来的路。他除了要读遍西方小说以外，还想去国外留学，像老师那样去见识更为广阔的天地。

他决定活得有趣

阅读学术文章，总会给人一种沉闷的感受。钱锺书修习的比较文学、文学概要、文学研究等，也难免给人太过严肃的感觉。不过，钱锺书从小便喜欢标新立异，即使学习古文，也喜欢组合出新词、新句，这种喜好他也应用到了学术文章方面。后来，他的著作《谈艺录》和《管锥编》，虽然是学术文章，但因为旁征博引，文采斐然，阅读起来仿佛是一种特殊形态的诗歌。

写文章，钱锺书喜欢写得有趣，做人方面，他也不喜欢古板与严肃。他如同小时候一般，想到了便要去做，有了感慨便要一吐为快。

钱锺书后来虽然不读选修课，但初入清华大学时，却专门上了杨树达、蒋延黻和赵万里三位老师的选修课。有一次，二十五岁的赵万里为学生讲版本目录学，讲到某本书时，他有些自负地说："不是吹牛，这书的版本只有我见过。"

课堂上，学生们没说什么，课后却纷纷议论起来："不是那么回事呀，只有他见过吗？我们也见过呀，而且同他介绍的就不一样。"

议论这件事的同学便是钱锺书和吴晗。吴组缃听完两人的议论后，不服气地说："那你们上去讲呀！……"赵万里后来听说有人反驳过他，他并没生气，原来想讲的十个专题，也让出七八个专题让学生讲。同学们知道事情原委后，很是佩服赵万里的度量。

钱锺书喜欢做学问，在这方面付出了巨大的时间与精力。他回到宿舍，常常读一摞又一摞的书。他即使闭着眼睛，也能从这些书中找出某一本。如果发现记错了，便会敲打自己的头，再摆进去，找到想要读的书。

他的博闻强记，并非天生，也有着后来的努力。不承想，他的努力却得罪了一位叫许振德的同学。

许振德与钱锺书是同班学生。钱锺书文采出众，每次考试都能得第一名，而这位许振德同学常常与钱锺书并列第一。有一次，钱锺书考了第一名，他成了第二名，气得想打钱锺书一顿。不过，理智战胜了冲动，许振德没有出手。后来，有一次许振德遇到了不能解决的问题，钱锺书给他讲解并解决了问题，他很是感激，从此两个人成了朋友。钱锺书这才知道，原来当时许振德对他还如此愤慨过。

钱锺书也很有雅量，从不在乎这些小事，这件事当作笑话便过去了。

在清华大学里，钱锺书还与一位叫常风的同学关系匪浅。常风，别名常镂青、常荪波，原名常凤瑑。他主攻欧洲

文学史和希腊罗马文学批评，著有《弃余集》《窥天集》
《尼采的悲剧学说》等。

　　常风与钱锺书同住一个宿舍，两人经常一起探讨学术
上的问题。钱锺书常失眠，常风却是倒头便能入梦的人。钱
锺书看常风酣睡很是羡慕，便作了一首叫作《不寐示镂青》
的诗：

> 帘帷瑟瑟风初起，鼻息微微梦正酣。
>
> 良夜美君能美睡，不眠滋味我深谙。
>
> 中宵旧恨上心时，此恨故人圣得知。
>
> 一事无成空抱负，百端难解是愁思。

　　钱锺书心头有万千愁思，愁得睡不着。常风似乎心中
无事，所以才能安然入眠。事实上并非如此，常风才是那个
"愁"坏了的人。

　　1934年春，常风已大学毕业。突然有一天，他给钱锺
书寄来一封信，并在信中诉说自己如何的"一事无成空抱
负"，又如何的"百端难解是愁思"。为此，他想自杀，想
一了百了。钱锺书收到信后，大吃一惊，赶紧回信劝他说：
"有希望，死不得，而无希望，又活不得。"钱锺书懂他的
心情，劝他"且复忍须臾"。只能忍一忍，等一等，且看希

望在来的路上。

为了让常风能够重新找回希望，钱锺书又写了一首诗相赠：

> 惯迟作答忽书来，怀抱奇愁郁莫开。
>
> 赴死不甘心尚热，偷生无所念还灰。
>
> 升沉未定休忧命，忧乐遍经足养才。
>
> 埋骨难求干净土，且容蛰伏待风雷。

倘若心头还有一腔热血，又怎甘心去赴死？不如留着这股热血，在苦难里慢慢熬，以待时来运转。

常风听了钱锺书的话，在不得志里慢慢等待着得志的机会，最后常风迎来了新的机遇。他任教于北京大学西语系，后又调到山西大学外语系，并留下了诸多作品。

钱锺书虽然心头有万千愁思，但他却会用读书来为自己排忧解难。对他来说，只要能读书，日子便没有过不去的。

当然，钱锺书也有心烦的时候。他读书喜欢在书上写写画画，有一次他在图书馆看书，偶然翻阅到自己前些天留下的字迹，上面的评语语气尖锐，毫不留情。钱锺书想，当时一定是自己心情不畅才留下这些冒失语句的。钱锺书意识到自己犯了错，心中过意不去，又在评语后面写道："书本无过，我有多失，并非有意冒渎。"写完，钱锺书继续看书了。

第二天，他再次翻阅这本书时，发现自己的评语下面新增了几行字，有人写道："不知何处憎书人，眼前涂抹丢煞人。"另有一人又写道："不悔自己无颜色，却将丑语怪他人。"

钱锺书读完并不生气，心想这两位同学倒是挺有意思。尤其这句"不悔自己无颜色，却将丑语怪他人"本出自《红楼梦》中的"无端弄笔是何人，剿袭南华庄子文？不悔自己无见识，却将丑语怪他人。"

于是，钱锺书也用《红楼梦》中的化句回复这位同学："无端弄笔是何人？剿袭清华钱子文？"

钱锺书挑了书中作者的毛病固然有不对之处，可这两位同学的笔伐，不也是在挑钱锺书的毛病吗？钱锺书反思了自己的问题，特意留下反省、反思之句，不承想却让他人看了笑话。所以，钱锺书也希望他们能反省自己，莫以专挑毛病为乐。

钱锺书这样一"批评"，他们果然不再打笔仗，好好"反省"去了。

凡是一个大学问家，必然是大生活家。此生活家并非指擅长处理家务，而是指看透生活的本质，人性的本质。

有人问钱锺书，如何才能做到过目不忘？钱锺书说，他也不知道，他只知道，当他把思想集中到一个事物上时，他就能看透它。

看透了，才能活得幽默睿智，博学独特。这是一种广泛阅读后的"阅历"与"见识"，这种博学让他活出了强大的自信。有了自信，他才敢于表达自我，敢于用笔定乾坤。

不过，钱锺书知道自己仍需要历练，需要行万里路，经万般坎坷，才能真正增长阅历与见识。

为了活得通透，为了做出更高的学问，他决定写文章表达自己，决定出国深造。只有放眼世界，才能有更大的格局观，才能活得更加清醒睿智。

"书虫"太锋芒，改名"中书君"

清华大学像是一个巨大的鱼池，任莘莘学子在池中自由欢快地畅游着。水中的饵料、氧气，让学子们吸收着养分，也让他们由小鱼渐渐长成大鱼。

小鱼，如同生活里的小人物，很难受人追捧，很难走向属于自己的舞台。当小鱼长成大鱼，他们才能从人群中脱颖而出，成为万众瞩目的明星。

钱锺书自幼饱读诗书，步入清华大学时已是一条极大的鱼儿了。当他在清华大学吸收更多养分后，他鲤鱼跃过龙门，成了一条文学巨龙。

当时，清华大学文学院有"三才子"，三才子之首是钱锺书，其次是日后的考古学家夏鼐和历史学家吴晗。另外，在外文系还有"三杰"。三杰之首是钱锺书，被誉为"龙"。另外两杰是曹禺，被誉为"虎"；颜毓蘅，被誉为"狗"。

钱锺书能占据中文系和外文系才子之首，可见其人已非池中之物了。

清华大学才子众多，每一位都有着非凡的才华。为了让学子们有一个"记录和评论校园生活"的地方，清华大学创办了《清华周刊》。这是一本由学生组织创办的刊物，除娱乐外，还希望学子们能爱学爱国、关心四海。随着学子们政治意识的提升和对文学专业领域的深入，这个刊物又增加了政治谈论和文学评论专栏，并且占据的版面越来越多。

大学二年级时，钱锺书担任了该刊的英文编辑，中文编辑有吴祖襄（吴组缃）等。钱锺书开始为《清华周刊》写稿，随着影响力的提升，又开始为《大公报》和《新月》月刊写稿，慢慢地在社会上也有了一定的影响力。那时，钱锺书发表了评论摩尔、布拉德莱、罗素、詹姆斯和桑塔耶那五位现代思想家的文章。张申府欣赏钱锺书，读罢他在《大公报》写的文章后，张申府在《大公报》上写道："默存名锺书，乃是清华最特出的天才；简直可以说，多分在现在全中国人中，天分学力也再没有一个人能赶上他的。因为默存的才力学力实在是绝对地罕有。"

有了老师的认可，钱锺书的评论开始大胆起来。他在《新月》上发表的文章，开始评论当代作家。

1932年，周作人出版了《中国新文学的源流》一书，是作者有关新文学源流的演讲稿的合集。周作人在中国新文学史上有一定的地位和成就，新旧文学功底深厚，该书一经出版立即获得一致好评。然而，钱锺书却认为书中有不少错误之处。他将书评发表在了《新月》月刊上，将书中的优点与缺点毫不客气地指摘出来，又将基本概念的混乱不清之处重新梳理，事实上的错误和论证不足之处也一一写了出来。

钱锺书的批评，言之有物，有实有据，就学术而言，他并没有错。可这种评论太过尖锐，令周作人先生难堪。可钱锺书天生秉性如此，他既不愿说违心的话，又不愿使用委婉语，为此着实得罪了不少人。

钱锺书对于新出版物也并非全是批评。1933年，诗人曹葆华出版了新诗集《落日颂》，钱锺书在写书评时，肯定了曹诗中的"神秘主义成分"，称中国古代诗歌一向缺乏神秘主义。他希望更多这样的新诗出现，能给诗坛带来耳目一新之感。

对于神秘主义，中国现代评论家写了很多。后来，钱锺书在《谈艺录》《管锥编》中详细地写了对神秘主义的分析，成了他的一种风格和特色。

文章写得越多，钱锺书的才华越能得以施展，钱基博理应高兴。可是，看着儿子越发地露出锋芒，老父亲不免为他的前途感到担忧。他在《谕儿锺书札两通》中写道："子弟中，自以汝与锺韩为秀出，然锺韩厚重少文，而为深沉之思，独汝才辩纵横，神采飞扬，而沉潜远不如！勿以才华超绝时贤为喜，而以学养不及古圣贤人为愧！"又说，"现在外间物论，谓汝文章胜我，学问过我，我固心喜！然不如人称汝笃实过我，力行胜我，我尤心慰！清识难尚，何如至德可师，淡泊明志，宁静致远。我望汝为诸葛公、陶渊明，不喜汝为胡适之、徐志摩。"

钱基博希望钱锺书成为古圣先贤，至德之师之人，并非一味写文章，搞文学的人。可是，钱锺书对于文学是真的喜爱，他可以淡泊明志，宁静致远，但却无法放弃文学，无法放弃研究文学学术思想。

只是，钱锺书最终还是听了父亲的话，认为自己确实没有必要太露锋芒。最初他发表英文文章时，署名为"Dzjen Tsong-Su"，是钱锺书的英文拼写。后来，他发表文章，多用"中书君"，便是有了收敛之意。

"中书君"一词源于韩愈文章《毛颖传》中的"累拜中书令，与上益狎，上尝呼为中书君"，"上嘻笑曰：'中书君老而秃，不任吾用。吾尝谓中书君，君今不中书邪'"。"毛颖"指毛笔，又称"中书君"。笔本身并无对错是非观念，它理应写尽天下之事，不管对错是非，只管公平公正。

钱锺书对自己有"笔"的精神的期许，他渴望信笔一挥，便是胸中真意。

或许，"中书君"应该保持"中"道，并"书"以载道，做个"君"子才算是至德之师吧。

后来的钱锺书再出手写文章，果然收敛了不少。他纵是下笔稳、准、狠，也尽量就文章而论，尽量给作者留有余地。不过，钱锺书本性难移，克制了没多久又恢复了本我的性子。钱锺书说："革命在事实上的成功，就是革命在理论上的失败。"换句话说："理性在事实上的成功，就是本我在理论上的失败。"所以，他决定做自己，做一个"本我成功的人"。

对于钱基博来说，钱锺书这样想当然是错误的。毕竟人不活在真空里，而活在真实的世界中，还需要给他人留面子，给他人以方便。

钱锺书长大了，父亲老派的思想不能再影响他了。他不愿意用过去的思想影响自己现在的行为，他只想活在现在，活在将来。

而过去的事，也终究会跟着现实发生转移，并向未来一并走去。

他不是父亲眼中的"中书君"，他只想做自己眼中的"中书君"。

第三章　异国他乡读世界

与最才的女订婚

自古以来，才子多风流。他们读过大量情爱小说，对世间女子有着不同的欣赏角度。加上他们才华横溢，更是令无数女子为之倾倒，所以风流也便成了自然而然的事。钱锺书也是一位才子，但却并不风流，确切地说不仅不风流还很晚熟。

自小到大，钱锺书也阅读过不少爱情小说，尤其到了清华大学以后，对于爱情小说、禁书等，更是如数家珍。仅英文爱情小说，若让他开个书单，能一口气罗列四十多本。包括作者的姓名，书的内容、特点，等等。

同学们无不佩服钱锺书在这方面的才华与博学，但他本人却是一位地地道道的纯洁男孩。他长到二十多岁，还从未对哪位女子动过心，除了这位名叫杨季康的女子。

而这位叫杨季康的女子也是这样。遇见他之前，从未对哪个男孩心动过，嫁给他之后，从未后悔过。

杨季康，即是杨绛。"绛"是季康的连声，于是，便取了杨绛为笔名。杨绛1911年7月出生于北京，曾就读于北京、上海、苏州等地的小学和中学。她家原是无锡书香世家，其父杨荫杭是著名的律师，也曾担任审判厅厅长、检察长、司法部参事等职务。1932年，杨绛到清华大学借读，在大学里认识了钱锺书。

三月的某一天，钱锺书的表妹孙令衔来看他，带来了她的同学杨绛。古月堂门外，娇小的杨绛站在那里，温婉又活泼。一双不大的眼睛里，闪烁着机智与才气。钱锺书一见杨绛，便被她吸引了。只是，他初次这样正视一位女孩，完全看不出她是否也在乎他。

遇见杨绛，钱锺书掉入了情海里。那时，他是著名的才子，倾慕他的女子很多，坊间更是流传着他已订婚的流言。订婚，是个幌子，这样能为他挡去不少女子的情书与追求。现在，钱锺书遇见了真正喜欢的女孩，一想到这样的流言也会挡走他真正的爱情，他就很担心，想向她解释一番，但却找不到机会。

清华大学里，男生多，女生少，像杨绛这样貌美的女子身边追求者众多。不久，钱锺书听说杨绛身边追求者有"七十二人"之多，之后又听说原来她已经有男朋友了。

钱锺书的心有些急迫，想立即澄清自己没有女朋友的事实。他找了个机会，把杨绛约了出来，两人见面，他的第一句话便是："外界传说我已经订婚，这不是事实，请你不要相信。"杨绛听完，也趁机解释说："我没有男朋友。坊间传闻追求我的男孩子有'七十二人'之多，也有人说费孝通是我的男朋友，这也不是事实。"

经过一番简单的解释，他们的误会总算解除了，两人自然而然地走到了一起。杨绛入学前，心心念念地想着考取清华大学，后来她遇见了钱锺书，母亲便取笑她说："阿季脚上拴着月下老人的红丝呢，所以心心念念只想考清华。"

钱锺书遇见杨绛，似乎也懂得了月老的苦心。他这段恋爱，谈得苦，谈得煎熬，谈得辗转反侧。

钱锺书和杨绛恋爱后，并不能常常见面，所以钱锺书会给杨绛写信。杨绛收到信后，却不经常回信，这可等坏了钱锺书。据研究"钱学"的学者们推测，《围城》中的方鸿渐读信的心情，很可能是当时钱锺书恋爱时的心理。钱锺书在《围城》里写道：

（方鸿渐）见了唐小姐七八次，写给她十几封信，唐小姐也回了五六封信。他第一次收到唐小姐的信，临睡时把信看一遍，搁在枕边，中夜一醒，就开电灯看信，看完关灯躺好，想想信里的话，忍不住又开灯再看一遍。以后他写的信渐渐变成一天天的随感杂记，随身带到银行里，碰见一桩趣事，想起一句话，他就拿笔在纸上跟唐小姐窃窃私语。有时无话可说，他还要写，例如："今天到行起了许多信稿子，到这时候才透口气，伸个懒腰，a-a-a-ah！听得见我打呵欠的声音么？茶房来请吃午饭了，再谈……"

这样细致入微的恋爱心理描写，也难怪学者们将这一段情节放到钱锺书身上。不过，钱锺书初坠爱河不久，此心此情如此烂漫热烈也是有依据的。比如，他给杨绛写下的情诗便是最好的证明。

1933年12月1日，《国风》半月刊第三卷十一期，刊登了钱锺书写给杨绛的情诗。《壬申（1932）年秋杪杂诗》里写道：

> 缠绵悱恻好文章，粉恋香凄足断肠；
> 答报情痴无别物，辛酸一把泪千行。
>
> 依嬢小妹剧关心，鬌瓣多情一往深；
> 别后经时无只字，居然惜墨抵兼金。
>
> 良宵苦被睡相谩，猎猎风声恻恻寒；
> 如此星辰如此月，与谁指点与谁看。

困人天气奈何天，泥煞衾函梦不圆；
苦雨泼寒宵似水，百虫声里怯孤眠。

钱锺书在诗中首先承认了自己的"辗转反侧"，也承认了自己的"情痴"，不承想换来的是"辛酸一把泪千行"。不是他们的爱情不浪漫，而是两人不能时时刻刻在一起，让钱锺书很心酸。

在这段爱情里，钱锺书很主动，他甚至向杨绛提出了订婚的请求。可是在杨绛看来，他们是自由恋爱，还没有征得双方父母的同意。两个人的幸福，倘若没有家人的祝福，又怎能算是皆大欢喜？

杨绛把这番话写到信中，不料被钱锺书的父亲钱基博读了去。他读完这封信，当即决定把儿子托付给这位"聪明"的女子。

那时，钱锺书放假回家，正在为他们的爱情发愁。现在，有了父亲的支持，钱锺书信心十足。他当然希望皆大欢喜，恨不得立即奔赴杨绛身边，让她立刻成为自己的未婚妻。

钱、杨两家都是书香世家，算是门当户对。且两家的老家都是无锡，更是有了惺惺相惜之感。钱基博喜欢杨绛，杨荫杭也喜欢钱锺书。他对钱锺书的评价是："人是高明的。"

一位是"高明"的男子，一位是"聪明"的女子。本来两位年轻人想的是，双方家长见面过后，就算是"订婚"了。然而，两家都是恪守中国礼节的书香世家，无论钱基博、杨荫杭两人接受了怎样的新式思想，他们始终认为，最好按传统的礼节举办订婚仪式。据杨绛回忆，她已茫然不记得婚是怎样"订"的了。作为一个接受过新教育的女青年，她知道两人的幸福要建立在家人的祝福之上，但却不喜欢老一辈的"父母之命，媒妁之言"，更不喜欢举办订婚仪式。

钱锺书虽喜欢臧否人物，可却不喜欢反对父亲。杨绛更是一位温柔、知书达理的女性，自然也不会反对订婚仪式的举行。

他们只是觉得，自由恋爱的订婚仪式，有些滑稽罢了。

订过婚后，钱锺书和杨绛分开了。杨绛要回到北京，在清华大学念研究生。钱锺书则要去上海，在私立光华大学任外文系教授，兼任国文系教员。

这一次分别之后，他和她距离更远了。

不过，钱锺书这次不怕了。她已是他的未婚妻，她不会被任何人抢走了。可是，钱锺书也更难过了。他自与杨绛恋爱后，就饱受相思之苦，如今两人一南一北，相思之情怕是要更深、更痛了。

原来，订婚，还"订"住了钱锺书的心。这颗相思之钉，唯有杨绛天长日久的陪伴才能解。

其实，钱锺书也是风流的。不过，他一生只对一位女子风流。遇见她，便已阅尽了世间万千种种美好的女子了。

他想要的女子最美好的样子，她都有。

返回南方任教

1933年夏天，钱锺书从清华大学外文系毕业，获得文学学士学位。毕业前夕，陈福田、吴宓等教授都希望钱锺书留在清华大学继续深造，钱锺书拒绝了。罗家伦又一次找钱锺书谈话，希望破格录取他入校攻读硕士学位，钱锺书仍没答应。对于这件事，吴宓却表示理解。他说："学问和学位的修取是两回事，以钱锺书的才华，他根本不需要硕士学位。当然，他还年轻，瞧不起清华大学的现有西洋文学教授也未尝不可。"

当时，钱锺书的心思确实不在清华大学，因为父亲钱基博身体欠安，召他回上海到光华大学任教。他之所以选择离开清华大学，除了照顾钱基博，还因为"九一八"事变后，清华大学已无法维持正常的教课秩序，学生们多半自学了。与其在清华大学自学，倒不如有份安稳的职业。

所以，伦敦大学邀请钱锺书去英国时，他也没有答应。

钱锺书来到光华大学后，光华大学里便有了两位钱老师。此时，钱基博在光华大学中文系授课，任中文系主任，后又兼任文学院院长。钱锺书则在外文系授课，并兼任中文系教员。

虽然钱锺书刚大学毕业不久，但凭借其渊博的知识和良好的口才，初次讲课就得到了学生们的喜爱。他讲课方式幽默风趣、旁征博引，学生们无一不被钱锺书的学识所折服。没多久，钱锺书就成了光华大学最有影响、最受欢迎的老师。

钱锺书之所以能将种种知识、文句信手拈来，脱口而出，完全得益于他的记诵能力。他同宿舍有一位叫顾献梁的老师，主要研究文学专业。有一次，顾献梁埋头苦读一本深奥难懂的文学批评书，钱锺书见到后来了兴趣。他说："这本书我以前读过，不知道现在还记不记得了。你抽一段内容考考我吧。"

这样深奥的书还能背下来？顾献梁半信半疑，为了让钱锺书"出丑"，证明他"不可能背诵"这本书，他特意挑选了最难懂的几段来考钱锺书。顾献梁刚念了一段开头，钱锺书便接着他的开头往下背诵了。他整段整段地往下背诵，十有八九准确无误。如此反复考了几段之后，顾献梁大为佩服。

后来，顾献梁到了国外，与人谈起钱锺书时，仍会把这段往事讲给朋友们听。

钱锺书在光华大学有了影响力后，《光华大学半月刊》邀请他做特约编辑兼撰稿人。另外，《中国评论周报》也邀请钱锺书出任特约编辑，并写英文作品发表在周报上。不久，《学文月刊》同样邀请钱锺书发表文章。这本刊物是由叶公超、闻一多、林徽因等多人创办的，算是《新月》的后身。

这一时期，钱锺书写下了不少中、英文文章。这些文章，大多反映了他对新、旧文学的看法，其作品《论不隔》被誉为《谈艺录》的先声。他在《与张君晓峰书》中，更是表达了自己对文言和白话的看法。他认为，文言和白话都有着同样的存在价值，而白话文想要写好并不那么容易。同样，文言文想要写好，更是难上加难。一位学者，不该讨论这些无意义的东西，读书若是为了随俗、免苦、获利、求名，则更是失去了读书的意义。所以，无论文言或白话，只要对人有裨益，只要能开辟新的文学境界，两者都是好的。

读书，不是记诵，更不该止于记诵，而是"灵魂之冒险"。读书人更应该发心自救，以窥探先哲精神命脉为要，以能读懂先哲著作为本。若风行白话，而不能读懂文言，那才是读书人莫大的遗憾。所以，两者不该分开，最好合一。

钱锺书对文言与白话的见解是独到的。他并不专门提倡哪一种，更不屑于为了"随俗"和"求名"而标新立异。所谓"白"，要内涵丰富的"白"，而不是"白"到只能读白话文而读不懂文言文的"白"。可惜的是，后来盛行白话，并没有将两者合一，果然陷入钱锺书所说的，"读不懂"文言的遗憾中了。

1934年，钱锺书故地重游，回到了北京。他在清华大学见了师长友人，当然更重要的是见到了杨绛。分别半年多，钱锺书是"颜色依稀寤寐通，久伤沟水各西东"，两人见面后，口若悬河的钱锺书面对杨绛想说的话太多，一时间却又不知从何说起。真是"有地卓锥谢故人，行尘乍浣染京尘。如何欲话轻别时，舌南蛮意未申"。

语言未必能诉尽人意，只有让一切尽在不言之中，或许才能传达他的情意吧。

钱锺书还约见了同学。他们对酒高歌，整日高谈。"七万二千分内粮，秀才闻请意皇皇，叩门乞食陶元亮，与我一般为口忙。"现在的钱锺书，教书、写文章，与当时在清华大学读书的时光不同了。他们这一班同学，也正在"为口忙"着。

钱锺书在北京见到了许振德。此时，许振德喜欢上一位女孩，频向她暗送秋波。奈何女孩不喜欢他，使得许振德颇为难过。钱锺书见他失意，赋诗《许眼变化图》相赠，安慰他天涯何处无芳草，何必单恋一枝花。

> 风云气盛讳多情，物果难求失亦轻。
> 铲削爱根如铲草，春风吹著会重生。

爱根是铲不完的。你以为遇见她，便是此生最后的爱情。事实上，"春风"一来，你的爱根仍会发芽重生。

不是男子多情，是每个有爱根的人，都多情。

多情的钱锺书在北京待了十几天后便要回上海了。这些天，时光过得飞快，一想到自己要离开杨绛，他的心情很是沉重。游览玉泉山时，钱锺书写诗《玉泉山同绛》赠杨绛，表达了他的不舍之情。

> 欲息人天籁，都沉车马音。
> 风铃呶忽语，午塔闲无阴。
> 久坐槛生暖，忘言意转深。
> 明朝即长路，珍取此时心。

　　钱锺书的爱根并没有别人来"削"，所以他的爱情一直发着芽。他珍爱杨绛，渴望两人的感情长成参天大树。

　　这一年，钱锺书的诗集《中书君诗》出版了。这本集子，不为发表流传，只为赠送亲友。钱锺书送了杨绛一本集子，她收到这样别致的礼物应该是欣喜的，因为这是专门送她的礼物。后来，即使到了晚年，钱锺书每次出版新书，也会专门送一本给杨绛。

　　他要让她感受到他的爱与尊重。

　　这本集子，吴宓手中也有一本。他夸钱锺书才情学识兼具，是新旧中西的通才。钱锺书在别人面前，是天才、通才，博学的，但他在杨绛面前却是笨笨的。他单纯、纯朴，又可爱，带着点"痴"和"拙"。

　　这样的钱锺书，也唯有杨绛见过。

　　钱锺书在光华大学教书期满两年后，参加了教育部第三届庚子赔款公费留学资格考试。当时，国民党教育部用英国退还的庚款奖励国内优秀青年去英国留学，不过这种考试报名者多，录取者寡。这次公开招考文、理、工等学科皆有，总计二十四个名额。钱锺书喜欢文学，报考了仅有一个录取名额的英国文学专业。他相信以自己的水平一定能考取，所以并没有在考试上下功夫。而钱锺书的报名，也确实吓坏了当时的学子们。他们认为，钱锺书报了名，他们就不要再有非分之想了。

考试成绩公布后，钱锺书果然名列前茅，他以平均成绩87.95分占据第一名，另外，七十分以上者也仅有三人，可见钱锺书的成绩是令人惊叹的。

钱锺书要出国留学了，可是，他的未婚妻杨绛怎么办？

这两年，他们分隔两地，钱锺书已被相思害苦了，他不能再离她更远。

他想，他应该向她求婚，带她一起走。只是他不知道，这位女子愿不愿意。

结婚吧，一起去牛津

1935年，是钱锺书的幸运年。他不仅考取了牛津大学，还迎娶了杨绛。

当他把赴英留学的消息告诉杨绛时，杨绛跟他一样，高兴得要飞起来。她很羡慕他能出国留学，学自己想学的专业，做自己想做的学问。

几年前，杨绛也有一次出国留学的机会，那时父亲杨荫杭身体欠安，她为了家庭放弃了求学的机会。现在，钱锺书要出国了，她不免对留学再一次产生了向往。

钱锺书告诉杨绛，他们可以结婚，这样她也便能跟他一起出国留学了。杨绛听完，立即答应了。钱锺书从小生活优渥，穿衣、穿鞋、吃饭，无一不要人打理。倘若钱锺书独自一人出国，怕是没办法照顾好自己。既然他们已订婚，他早晚是她的先生，她跟他去国外读书，顺便照顾他的生活也是应该的。当下，唯一的障碍是，杨绛所在的外文系不能出国留学。她如果想要毕业，还有一门课程需要考试，但为了出国，杨绛同老师商量用论文的方式代替考试，老师答应了。

一切安排妥当后，杨绛来不及写信通知家人，立即乘上了开往苏州的火车。

杨绛很想家，迫不及待地想把这件事告诉父母。她身在火车上，心早飞回了家。待她下午到家后，行李还留在门口，人已经飞跑进了屋子。父亲听到她回来了，掀开帐子下床，欣喜地说："可不是回来了！"

原来，他午睡时便感觉杨绛要回家。他在家里转了一圈又一圈始终不见杨绛，并很好奇地问妻子杨绛去哪儿了。

杨绛的母亲有些吃惊，杨绛不是在北京上学吗？他怎么在家里找她呢？

待杨绛回到家，杨荫杭才告诉杨绛，原来世间真有心有灵犀，"曾母啮齿，曾子心痛"这件事不虚。

她的心，父亲感应到了。

1935年夏天，钱锺书与杨绛正式完婚。婚礼仪式共有两场，杨绛娘家举办一场西式婚礼，婆家举办一场中式婚礼。

结婚，是人生中的大事，每个人都期望能有一场令人难忘的婚礼。钱锺书和杨绛的婚礼确实令人难忘，不过并不美好，比订婚还让人无奈。

钱、杨两家按照旧俗，为他们选定的"黄道吉日"是这一年中最热的日子。两家都是江南的名门，钱锺书又是长房长孙，婚礼仪式自然举办得极为隆重。

那天，钱锺书身穿白色衬衣，黑色礼服，脚蹬皮鞋。杨绛则身着曳地婚纱。天太热，摄影师为他们留影拍照时，杨绛说照片上的每个人，都像刚被拿获的犯人。

关于这场婚礼，钱锺书并没有留下只言片语，不过却将这一幕写到了《围城》里。书中的辛楣笑着说：

总而言之，你们这些欧洲留学生最讨厌，花样名目最多。偏偏结婚的那个星期三，天气是秋老虎，热得利害，我在路上就想，侥天之幸，今天不是我做新郎。礼堂里虽然有冷气，曹元朗穿了黑呢礼服，忙得满头是汗，我看他带的白硬领圈，给汗浸得又黄又软。我只怕他整个胖身体全化在汗里，像洋蜡烛化成一摊油。苏小姐也紧张难看。行婚礼的时候，新郎新娘脸哭不出笑不出的表情，全不像在干喜事，倒像——不，不像上断头台，是了，是了，像公共场所"谨防扒手"牌子下面那些积犯的相片里的表情。我忽然想，就是我自己结婚行礼，在万目睽睽之下，也免不了像个被破获的扒手。因此我恍然大悟，那种眉开眼笑的美满结婚照相，全不是当时照的。

理想和现实总会有一大截差距，婚礼也如此。

西式婚礼不尽人意，中式婚礼也令人疲惫。他们不知道要磕多少头，拜多少亲朋才算完。这一番折腾，钱锺书累得发烧，杨绛累得生疹，只好找来医生看病。

他们即将出国，要办理的事太多，加上新婚应酬也很多，病未愈便又要四处奔走忙碌了。

临行前，钱基博把自己珍藏多年的汉代古董猪符作为礼物送给杨绛。杨绛属猪，这样的礼物自然是祥物。

公公能把古董宝贝送给杨绛，表示了他对她的认可。钱基博相信，杨绛能照顾好钱锺书，有了她的陪伴，钱锺书的生活他也不用再担心了。

这是一种嘱托，是一种责任，也是她真正长大的标志。无论钱锺书还是杨绛，今后都不再是一个人了。他们有了彼此，遇难要共渡难关，遇喜要一起分享欢娱时光。

举案齐眉，相濡以沫，或许才是婚姻最美好的样子。在此后的岁月里，钱锺书和杨绛都以这种方式生活着。

结婚，只是给婚姻投递了一粒种子。它究竟会长成什么样的树，或开出怎样的花，全由两人决定。

他们都是愿意为婚姻付出，且不要回报的人。

金秋，是收获的季节。钱锺书和杨绛此时踏上开往英国的航船，预示着他们将在国外收获无尽的学问。他们拖着行李，挤在人群中，虽隔了一小段距离，但人们早已在他们的眼神中感知到这是一对新婚夫妻。

他们要在海上漂泊一个多月，可他们并不觉得寂寞。因为他们有书，有字典，有彼此相伴。

抵英后，钱锺书去了牛津大学注册登记，杨绛则打算选一门自己喜欢的专业来读。

来到牛津，钱锺书不禁慨叹起与牛津大学的渊源。他就读清华大学时，叶公超便说过，他不该读清华大学，该读牛津大学。如今，他果然来到了牛津大学，算是"一语成谶"了。

牛津大学是英国最古老的大学，以严谨的学风著称。13世纪初，这所学校又分出了姐妹大学——剑桥大学。牛津大学在历史上，培养出了大量哲学家、科学家、文学家和政治家。钱锺书来到牛津大学，就读的是埃克塞特学院，在牛津大学学院的建立史上居第四位，是当时二十六个学院之一。

这位智慧超群的才子，读书成绩斐然，然而在生活上，却令人担忧。他初到牛津，便亲吻了大地，磕坏了牙。经过一番治疗，他们夫妻手中余钱已不多了，这使得杨绛不得不放弃修习的机会，选择做一个旁听生。

此时，钱锺书已结婚，并不适合住宿舍。思来想去，他们小夫妻在老金家租了一间房子，老金提供一日三餐，包揽所有家务，让他们省了不少时间，可以用于读书。

留学生活是崭新的，婚姻生活也是崭新的，他们在新世界里"磨合"着。杨绛这才发现，原来钱锺书穿鞋不分左右，穿衣不分前后内外，更遑论洗衣、做饭了。

钱锺书也在慢慢地了解着杨绛。她善于理财，读书很是用功，做人做事有一说一。

他看她，没有缺点，全是优点。

她看他，缺点虽然有，可她并不在乎。

婚姻里的磨合期，他们好像并没有。他们不需要磨合，只需要彼此配合。他们两个人，是两个圆，没有棱角。

无论你怎样，我都温柔、欢喜以待。

他们不是在婚姻里低了头，没了自我，而是懂得想要什么样的生活，自己便要努力活出那样的生活。

爱情和婚姻，有时也需要努力。倘若只顾眼下鸡毛蒜皮，小事在眼里就会变得大了。

读闲书，玩闲情

钱锺书和杨绛喜欢牛津这座浪漫的古城。他们有时沿着石块砌成的小路"探险"，有时与住在小城的人简单闲聊。与小城相比，他们则更喜欢学校的图书馆。

牛津大学总图书馆名叫博多利图书馆（Bodleian Library），是世界著名的大学图书馆之一。钱锺书将这座图书馆译作"饱蠹楼"。除听课外，他几乎把时间都花在了这里。

钱锺书和杨绛经常借来大堆书，找个固定的座位，然后按照次序一本接一本地读，包括文学、哲学、心理学、历史等图书。他们边读书，边做笔记，中、英文笔记都有。

这座图书馆当时大约有四百五十万册图书，他们阅不尽，读不完，只能尽可能节省时间，涉猎更多知识。在牛津时，钱锺书虽然有太多功课要做，但仍会写文章，并寄回国内发表。他在《谈交友》中，写出了自己关于学习的心得：

大学问家的学问跟他整个的心情陶融为一片，不仅有丰富的数量，还添上了个别的性质；每一个琐细的事实，都在他的心血里沉浸滋养，长了神经和脉络，是你所学不会、学不到的。

每一本书都蕴藏着一颗种子，只有将它们读完，并丰富种子的数量，它们才能被自己吸收，化作自身的能量，滋养心灵。种子易得，书易得，难的是读完后能进行思考、重组，并让它们与心灵融合长出智慧。

每个人都可以说是有天分的，但并非每个人都懂得要如何去努力。

钱锺书以智慧超群著称，但对于"严谨"类的学科，他到此刻还是不擅长。有一次，他的专业课程要学习"版本和校勘"，主要学习辨别15世纪以来的手稿。他不喜欢这个让人头疼的学科，不明白从古代书写方法中鉴定作者的手稿和年代对学问有什么帮助。他想要学的是，能开拓人类智慧、见识，丰富自己学识的内容，而对于研究手稿，他认为虽然能为写作论文提供更为详细的资料，但却没有任何现实价值。

没有兴趣的专业，钱锺书学起来很费劲。他一边在严谨中努力，一边用侦探小说休养大脑。可是，一读到侦探小说，他便入了迷，都入到梦中了。那段时间，每次他沉沉睡去后，常在梦中手舞足蹈，好像做了警察在抓坏人，又好像做了凶手在逃脱警察的追踪。

钱锺书在"版本和校勘"上花了时间，但考试结果却不尽人意。他考试不及格，只能暑假过后再补考了。

初到牛津，房东老金提供的食宿服务还算令他们夫妇满意。因为房东包揽家务，他们两人生活轻松自在，除了读书，就是四处闲逛。可时间一长，老金家的伙食越来越差，杨绛不忍心钱锺书饿肚子，便想着另租一屋，自己烧火做饭。

杨绛是大家闺秀，没有下过厨房，也没有做过家务。她的想法一提出来，钱锺书立即反对。他们在老金家，虽然伙食差，但好歹有得吃，若是自己动手，怕是要"饿死街头"了。

杨绛不管，坚信凡事可以学。没多久，她在散步时觅得一间出租房，当即决定租下来。这间房子在二楼，有卧室，有起居室，有浴室、厕所，还有一个大阳台。楼下有大片草坪和花园，出入也可走二楼向外伸出的楼梯。

另外，这间房子最大的好处是，可以自己开火做饭，并且厨具也无需他们购买，房东为他们提供全套的厨具。

钱锺书被杨绛租房的热情打动，同意租下这间房子。

有了自己的厨房后，蒸饭、烧菜、煲汤等，他们统统试了个遍。钱锺书很有"远见"，杨绛对做饭确实不擅长。她第一次做红烧肉，用大火炖了很久，结果肉质坚硬无法食用。不过，杨绛说过，她会努力学习。她想到妈妈炖肉都使用文火，便用文火炖了一次，果然成功地做出了红烧肉。一法通后百法通，从此，无论炖什么肉她都会了。

杨绛在厨房里有向学之心，钱锺书又怎甘落后？他一向喜欢早起，因此包揽了他们的早餐。他们入住新居的第一个早上，钱锺书烤面包，热牛奶，并配了黄油、果酱、蜂蜜等，一股脑儿全部端到了杨绛的床头。杨绛惊喜不已，如此丰富的早餐，她不敢相信这是"拙手笨脚"的钱锺书准备的。

二人恢复了中式饮食后，日子突然变得不一样了。他们的胃妥帖了，心情也舒畅了。之前，他们晚上只管读书，除散步外几乎没有其他业余活动。现在，他们却能唱唱曲，扮演下戏中人。杨绛喜欢音乐，特意拜托父亲从国内寄来《元曲选》，自己用来唱曲过瘾用。杨绛唱，钱锺书跟着学，有时他学得半像半不像，可是笑坏了杨绛。

她笑，他跟着笑，两人笑得打跌。钱锺书诗中也有"欲调无筝，欲抚无琴""咏歌不足，丝竹胜肉"等句子。

钱锺书和杨绛日子好了，吃得饱了，原本是一件高兴的事，只是杨绛在家务上付出了太多时间，变成了"卷袖围裙为口忙，朝朝洗手作羹汤"，彻底耽误了她的学习。钱锺书心疼杨绛，期望她能少做些家务。杨绛也希望多读些书，所以只能一边照顾钱锺书的生活，一边在忙碌中抽出更多时间用于学习。

生活于他们而言，终究是小事，学习、读书、做学问、写文章，才是生命里的大事。那时，钱锺书一边读书，一边观察着生活，为自己的作品准备着素材。

在牛津大学里，有不少国内求学的学者与留学生。这些人中，有一些女性是由未婚夫掏腰包来此混文凭的。待她们回国后，便"镀了一层金"，不仅地位得到提升，还能为未婚夫赢得面子与尊严。在外国的留学生中，钱锺书注意到了一位皮肤黝黑的女生，她来自埃及，并不是中国人眼中的美女。中国人的审美标准是"一白遮三丑"，可钱锺书唯独对"黑美人"有兴趣。他不喜欢白，认为皮肤白不一定就貌美。

这些女性，后来被钱锺书写到了《围城》里，据说书中的鲍小姐便是杂糅了这些留学生，捏合而成的形象。

钱锺书观察生活，杨绛则是生活在"生活中"。她经常遇到小意外，好在都有惊无险。有一次，她出门忘记带钥匙，为了节省开锁的费用爬窗进屋。还有一次，钱锺书上课走后，她突感不适，心想自己很可能是煤气中毒了，便挣扎着开窗自救。可以说，钱锺书和杨绛虽然生活在一起，都是文学泰斗，但对于生活的理解和观察却有着天壤之别。

钱锺书的作品更重文学性、艺术性、学术性，杨绛则更多的是生活化、平实化、细节化。他们彼此影响，却又保持着彼此的不同之处。君子和而不同，即能和，又能包容不同，才是夫妻最好的相处之道吧。

他们不仅文学上如此，生活上也是如此。

人世太俗，钱锺书虽然生活在世俗中，却毅然决然地保持着艺术创作者的生活态度。正因为他是生活的观察者，所以才能站在更广阔的视角，触摸到文学、历史的脉搏。他对于生活，也是一副和而不同的态度。和，是因为他要吃饭穿衣；不同，则是他精神上的独立、独特，价值观上的不与他人苟同。

生活是用来玩的。是读书累了，写作累了，用于放松的地方。它像一首小曲，也像一首诗词，仅仅是整个精神世界里的调剂品。

无论人们多爱生活，生活有多艺术，在钱锺书的世界里，生活都是小的，是他茶余饭后，偶尔为之的一歌一舞。

那一歌一舞里，也有着数不尽的、洗脱了烟火气的艺术。

第四章　乘槎去牛津，不是浪浮家

只要这么一个女儿

远赴重洋的生活实属不易。既要保证完成学校的功课，又要照顾好自己的生活。而现在，他们的生活又要面临更大的挑战。

杨绛怀孕了。据钱锺书回忆，得知杨绛怀孕，是在他们去巴黎游玩后返回牛津的路上。路途颠簸，杨绛恶心呕吐，他以为这是正常反应，不料却是怀孕了。好在这一路有同行的加拿大朋友照顾，杨绛才没有吃太多苦。

得知怀孕的消息，钱锺书和杨绛都很开心。钱锺书对这个还未出世的孩子充满期待，甚至又犯"痴"了。他说："我不要儿子，我要女儿——只要一个，像你的。"

杨绛听完，没有回话。其实，她想要一个像钱锺书一样的女儿。

杨绛怀孕后，钱锺书承担了大部分家务。他怕杨绛担心、辛苦，又早早地为她定好了医院和接生大夫。

他们都以为，怀孕没什么，不会耽误学习和生活。只是没想到，久了才知道怀孕以后全身的精力大多都奉献给了孩子。杨绛再分不出精力去读书了。钱锺书要忙学业，又要照顾杨绛，日子突然也觉得不好过了。

既来之，则安之，他们只能等孩子出生。说不定孩子降生了，一切又能恢复如常。

他们等啊等，终于等到了预产期。只是，预产期过了快一周，孩子还是不肯出来。杨绛住院观察了几天，已有分娩迹象，可还是没能分娩。

杨绛阵痛不强烈，只是舒缓的疼痛。她无聊时，甚至在床上读完了一本小说。医生怕孩子出事，不得已给杨绛打了麻醉剂，她在睡梦中生下了孩子。

孩子一出生，因为缺氧，浑身青紫，医生使劲拍她才拍活过来。本来按照预产期，孩子将在英国国王乔治六世加冕日诞生，现在晚了几天，已不是一个"加冕日娃娃"了。因为孩子哭声洪亮，医生称她为Miss Sing High。杨绛将这个名字译意为"高歌小姐"，译音为"星海小姐"。

杨绛生产完，一直住在医院。因为打了麻药，总是昏睡着。钱锺书每天去医院看杨绛却总见不到她。初为人父，他的生活比之前更忙碌了。生活上，他不会做饭，不会照顾自己，总是把家里的东西搞坏。他打翻了墨水，弄脏了桌布；弄坏了门轴；砸碎了台灯。为此，钱锺书很内疚。

他第一次见女儿时特别高兴，开心地说："这是我的女儿，我喜欢的。"是啊，他一直渴望有个女儿，现在如愿了，已是天底下最幸福的男人。

钱锺书给女儿取名钱瑗，小名唤作"阿圆"。有了她，他们一家三口才做到了团圆，才是最圆满的一家人。

那些日子，钱锺书会剥了嫩蚕豆放到鸡汤里，炖好了汤给杨绛补身体。杨绛喝到这碗鸡汤，自然是幸福的。他对她的爱，她感受得到。他不仅会写情诗，会说甜言蜜语，还会用鸡汤，用行动来温暖妻子。

他确实"拙手笨脚"，无法很好地照料妻子，可他的用心却是世间其他男子无法比拟的。

他可以不擅长，但却不能不为了她学着做。

爱是一首首情诗，也是一碗碗煲好的鸡汤。

钱瑗出生后，他们的生活更加忙碌了。钱锺书白天去学校读书，不会受孩子的影响。杨绛却要一边读书一边照顾孩子。她为了方便照顾孩子，将她放到了抽屉里，这样她醒来一哭，她便能立即抱起她。

钱瑗出生在英国，合法地拥有了英国国籍。后来，钱锺书和杨绛坚持让钱瑗放弃英国国籍。她纵算在英国出生，但到底是中国人。

钱瑗听了父母的话，申请办理了中国国籍。

回忆整个牛津大学生涯，钱锺书认为自己在这里的生活并不顺当。他掌握了三四种欧洲语言，这是英国大学对学生们最基本的要求，他算是有收获的。只是，他人文百科式的知识在这里并没有得到充分的发挥。老师们并不看重他，他们对中国历史、传统文化茫然不知。钱锺书在牛津大学的收获，不是才华的施展，而仅仅是文献资料的充实。

他固然注重学习，但倘若没有老师们的肯定，他仍会认为自己缺少什么。

1935年11月底，纽约大学现代文学教授约翰·贝克利斯（John Bakeless）来到牛津大学看望钱锺书，希望他们能合著一部文学批评史。钱锺书婉言谢绝了这个请求，不过有关中国文学批评的点子却激发了他，后来他独自完成了《中国固有的文学批评的一个特点》的创作。

1936年，钱锺书开始写作毕业论文。他仍想以中国文学为基础，拟定题目《中国对英国文学的影响》，可惜没有得到老师的允许。无奈之下，他又把题目改作《十七、十八世纪英国文学中的中国》。他想让西方人重视中国文学，了解中国文学，同时也让中国人了解西方文学。

因为这篇论文，钱锺书获得了B.Litt学位，有人将此译为高级文学学士，与文学硕士学位相当。

1937年，钱锺书从牛津大学毕业。庚款奖学金原本可以让他在英国留学四年，杨绛却因专攻拉丁语言文学，得到了去法国学习的机会，为此钱锺书只好提前毕业。

此时，校方决定聘请他为中文讲师，他谢绝了这项聘任，决定和杨绛一起去法国巴黎大学深造，研究法国文学。

英国，他要离开了。他在这里不算得志，所以走时也并未有太多留恋。唯一让他难以忘记的是他在这里和杨绛共同生活过，并有了一个可爱的女儿。

钱锺书走了，他的论文装订成册留在了牛津大学图书馆，编号为Ms B.litt.d 288。抗战期间，钱锺书任教于昆明西南联大，把这部论文打印成稿交给了图书馆总负责人袁同礼，并分三期发表在1940年、1941年出版的《中国图书季刊》上。

此论文一出，立即在中外引起不小的反响。据说1986年10月，英国女王访华时，还曾阅读过这篇论文。

钱锺书想要让更多人打通中西文学的愿望，终于在多年后实现了。做学问，本就是一件寂寞的事。新的观点、观念产生时，人们不一定会立即认同。但只要是对人们有好处的、有帮助的，最终总能引起人们的关注。后来，他在《魔鬼夜访钱锺书先生》中写道：

一向人类灵魂有好坏之分。好的归上帝收存，坏的由我买卖。到了19世纪中叶，忽然来了个大变动，除了极少数外，人类几乎全无灵魂……近代心理学者提倡"没有灵魂的心理学"，这种学说在人人有灵魂的古代，决不会发生。到了现在，即使有一两个给上帝挑剩的灵魂，往往又臭又脏，不是带着实验室里的药味，就是罩了一层旧书的灰尘，再不然还有刺鼻的铜臭，我有爱洁的脾气，不愿意捡破烂。

当然，钱锺书也不愿意捡"文学"破烂，他更愿意在文学里找到自己的天地。他不喜欢没有人格，没有性灵的人，他喜欢富有灵魂气息，有趣的人。

钱锺书和杨绛带着钱瑗上路了。他们将去法国，他要带着这个新生儿见识更广阔的世界。

活得有人格，胜过活得成功有地位。他不想用本领换饭吃，这太苦闷。他只想在现实的引诱和试探中，经得住万般考验。

这才活得有意思。

去巴黎进修

钱锺书虽然经受得住人格、无趣灵魂的考验，但他却自认为经不住爱的考验。在他的作品《魔鬼夜访钱锺书先生》中出现了一个魔鬼。魔鬼找钱锺书谈话，他借魔鬼之口说出了自己想要表达的观点。他认为，自己虽然是个实心眼的人，但却受过魔鬼的引诱和试探。当他面对妻子、朋友、家人，甚至理想时，他统统上当了。

万事万物，只要化作你喜欢的女人、朋友和家人，或者被魔鬼包装成理想，人们便会伸手去抓。只要你顺着"魔鬼"包装出来的美好东西走，便会成为他的子民。

"魔鬼"便是我们的欲望。钱锺书还有欲望，所以晚年时他常常自谦，闭门不出。他说，文人对于自己，有时比旁人对于他还看得轻贱。因为他知道要上进，要虚心，要安本分。

此时的钱锺书，依旧是上进、安本分的人。他知道自己仅读牛津大学还不够有学识，他必须继续深造，才能丰富自己的见识。

还在牛津时，杨绛已通过朋友与巴黎大学取得了联系，并办妥了留学、居住等事宜。与读牛津大学不同的是，这一次钱锺书没有公款资助，加上攻读学位压力太大，所以两人权衡之后，决定只注册选修课程。

不能获得学位确实十分遗憾，但对于钱锺书来说重要的从不是学位，而是毫无外力干扰的自由学习。

巴黎大学是欧洲最古老的大学之一，它与意大利博洛尼亚大学是欧洲最早的教育中心，在11世纪末已形成"总学"。

法国与英国的严谨教学不同，它更为自由和浪漫。慵懒、充满艺术气息是巴黎大学的特点。这里没有新生训练、毕业典礼，没有训导制度，甚至无需所谓的认同感。如果上课十分钟后还见不到老师，学生们可自动退席。如果老师上课讲得神采飞扬，学生听得津津有味，也可超过上课时间，不受时长限制。

迟到、早退、旁听……完全随心所欲。

来到法国，钱锺书和杨绛住在一所郊区的公寓里。公寓的主人名叫咖淑夫人，是一名退休的邮务员。她用退休金买下一幢房子用于出租，兼供应房客的伙食。她提供的一日三餐，菜式丰富而便宜。她做得一手好菜，常常将鸡鸭鱼肉等端上桌，让钱锺书和杨绛吃得很满足。咖淑夫人上菜方式是法国式的，会一道一道地上菜，希望房客们能尽情享受雅致、富有情调的用餐时光。然而钱锺书和杨绛却认为，花两个小时吃一顿饭太不划算，便又自己开火做饭了。

在巴黎的一年，可谓是钱锺书全身心读书的一年。少了学位的压力，他想读什么书就读什么书。他把15世纪到近代，文化史上有名或无名的人物的著作全部找来阅读。在看书方面，钱锺书称得上一目十行。唯一让他花时间的便是记笔记。他要一字字地写，并通过记笔记加深印象、消化和吸收。

除此之外，他一天读中文、英文的书，隔日读法文、德文、意大利文的书。为了提升自己的法语口语，他还经常约上朋友，去咖啡馆喝咖啡。钱锺书在法国结识了王辛笛、徐等朋友。

有些学问，必须从社会中学习和汲取，钱锺书认为走出家门也很有必要。这一年，也可以说是他最为自由的一年。不久，钱锺书的法语口语，已经有了巴黎人口中所说的"大菜市场"里的菜帮子的味道。

可见钱锺书在法语口语上所花费的功夫。

如果说追求学问是钱锺书刻在骨子里的欲望，那么女儿对他而言，则是他生命中的弱点。他爱唯一的女儿，她的一举一动都牵动着这位父亲的心。

钱瑗跟着父母来到法国时，已经是个很漂亮的娃娃了。女儿还小，需要有人照顾，但是钱锺书和杨绛却要读书。那时，他们夫妻常与林藜光、李玮夫妇往来。林藜光夫妻有一个与钱锺书女儿同年同月生的儿子。

林、李夫妇也有孩子需要照顾，杨绛便向他们打听托儿所的事。李玮说，有一位同学将自己的孩子送到了托儿

所，却发现那里的生活刻板，吃、喝、拉、睡都规定好了时
间。钱锺书和杨绛舍不得女儿受到刻板的训练，所以只好自
己带。

钱锺书的对门邻居是一位公务员太太，丈夫早出晚归。
她没有孩子，一个人无聊时便把钱瑗抱过去玩。她虽然自愿
替钱锺书夫妻看孩子，但钱锺书夫妻却会给她一定的费用，
这样更方便他们学习。他们两家混熟了之后，对门太太见钱
锺书、杨绛夫妇太忙，便提议由自己把孩子带到乡下去养。

杨绛虽然心疼孩子，可也认为去乡下没什么不好。有一
次，对门太太把阿瑗的婴儿床搬到了她的家里，想知道孩子
离开了爸爸妈妈是否会习惯。

那晚，钱锺书和杨绛竖起耳朵听对门的动静，很怕钱瑗
因不习惯而痛哭。结果钱瑗好得很，一觉睡到了天亮。

孩子虽然能离开父母，可做父母的假如真要把孩子丢到
乡下却又于心不忍了。他们还没做好决定，对门太太已决定
不去乡下了。她思索再三，决定留下来照顾上班的丈夫。得
到这个消息，钱锺书和杨绛松了一口气。后来，每次钱锺书
和杨绛要出门，便会把孩子交给对门太太，她也乐得照看。

钱瑗是个乖乖女，几乎很少打扰大人读书。杨绛带着她
时，会把她放进高凳里，并买一本大书供她随便玩画。她手
拿一支铅笔，学着父母的样子，一面看书一面在书里乱写乱

画。即使如此，钱锺书还是认为女儿性格有些顽劣，因为钱瑗偶尔的哭闹仍让他操心不已。

可在杨绛看来，女儿乖得很。他们看书，她不打扰，一个人默默地画书玩，已是最好带的孩子了。杨绛说，钱瑗最早会说的话是"外外"，意思是自己想去外面玩。

听到"外外"的指令，杨绛便会推上推车，带着她去外面转一圈。

除了读书、带孩子外，钱锺书依旧没有放弃写作。他经常把自己的作品寄回国，发表在朱光潜主编的《文学杂志》和中央大学教授柳诒徵主编的《国风半月刊》上。他主要创作诗歌，偶尔创作散文，《谈交友》便是他这一时期最重要的作品。

钱锺书一生掌握了多门语言，这离不开他在英国和法国的实地考察、运用和体会。关于外语的学习，他在《谈中国诗》中说："你们也有机会饱尝异味，只要你们肯努力去克服这巴贝尔塔的诅咒（The Curse of the Babel）。"

在学习的路上，懒惰、散漫、找借口等，都是阻碍我们进步的"诅咒"。每一种"诅咒"都有专门破咒的"咒语"。它们是，努力、专注和用心。

我们即使知道了"咒语"，想要成功破解"诅咒"，也只有去努力。否则，我们一生很可能只能见到眼前有限的风景。

这一年的法国留学，对于钱锺书来说十分重要。他不仅了解了欧洲各种文化和文学，还懂得了如何融会贯通。

深造，也可以解释为，更深层次的创造。没有广和深，是无法在原来的基础上有所创见的。

钱锺书在语言、文学上扎根更深了。

有趣的朋友们

钱锺书和杨绛交友不广，但在巴黎时却结交了不少朋友。

中国留学生在巴黎的颇多，他们只要出门，便总会遇见几张中国面孔。他们这些人形成了一个小圈子，生活很是丰富有趣。

向达是钱锺书和杨绛在英国时就交好的朋友。那时，向达常去钱锺书家吃饭。他是中国著名的历史学家、敦煌学家，中外交通史学家。

来到巴黎，他们依旧经常聚在一起。有时林藜光、李玮夫妇也会一起来。他们几位聚在一起，聊聊文学，谈谈历史，交流烹调经验，可谓热闹非凡。

徐吁也是他们经常来往的朋友。他是中国现代作家，于1936年赴法国留学，获得了博士学位。钱锺书与徐吁在街头相遇后，便会坐在一起聊天。徐吁发现钱锺书是博闻强记的天才，对音乐和舞蹈都没什么兴趣。钱锺书文学书看得多，谈得多，无论徐吁提到哪本书，哪位文学人物，钱锺书都能立刻说出作者说过的话。徐吁佩服这样的天才，盛澄华却对徐吁说："钱锺书说的话好像没有一句是他自己的。"

钱锺书得知盛澄华这样说他，并没有生气，他们依旧照常往来。钱锺书与朋友聊天时，假如朋友提到了某位小说家、诗人，他想到小说家们说过的话便随口说出来了。与朋友聊天时，他"背诵"的次数多了，难免给人一种"没有自己的话"的印象。

事实上，钱锺书有自己的话，只是聊天时未必会说出来，他会将这些话写到文章里。

盛澄华是一位研究纪德作品的学者。当初，钱锺书和杨绛来巴黎，还是盛澄华帮他们找的房子。他们两家都住在拉丁区，在街头经常相遇。他们有时相视一笑，便算打了招呼。有时会坐下来喝杯咖啡，交流闲谈。

朋友不在多，在于精，在于是否有共同的兴趣。这些朋友和钱锺书研究的方向虽然并不相同，但他们都有一颗不断向上的心。大家聚到一起，你一言，我一语，就自己擅长的专业交流探讨，也能为对方提供更为新颖的角度和思考。

在钱锺书的朋友中，还有两位不知名、有趣的男同胞。他们一个爱"天仙的美"（女神），另一个爱"妖精的美"（妓女）。他们经常坐在咖啡馆里和钱锺书聊天，钱锺书认为他们很有趣，便把他们写进了《围城》里。钱锺书写过一首叫作《巴黎咖啡馆有见》的诗，想要表达的便是"妖精的美"。其中写道："绝怜浅笑轻颦态，难忖残羹冷炙心。开镜凝装劳屡整，停觞薄酒惜余斟。"

1937年，不仅是快乐收获的一年，还是失去、失落的一年。这一年，钱锺书最敬爱的前辈石遗老人去世了。

石遗老人，是晚清大诗人陈衍先生。

陈衍，号石遗，福建侯官人，晚清同光体三大诗人之一。他与钱基博是好友，常去钱家做客并审定钱锺书的诗作，指点他作诗要在意境和风骨上下功夫。在石遗老人的指点下，钱锺书作诗进步很快，不过，石遗老人希望他多想少作，而钱锺书却喜欢多作。

石遗老人对当时的诗人学者少有认可者，对钱锺书却是另眼相看。每次钱锺书放假回家，他们都要进行一番畅谈。有时他们谈到某位诗人的诗，石遗老人若是忘记了，钱锺书便会应声说出。石遗老人没有读过的诗，没有见到过的版本，钱锺书都会拿给他看。石遗老人说："世兄诗才清妙，又佐以博闻强识，惜下笔太矜持。夫老年人须矜持，方免老手颓唐之讥，年富力强时，宜放笔直干。"

他对钱锺书的喜爱与欣赏是难以掩饰的。他后来编写《石遗室诗话续编》时，便收录了钱锺书的诗。因为石遗老人的认可，钱锺书一度颇为得意。

如今，石遗老人去了，钱锺书的知音便少了一位。这些年来，他虽身在异乡他国，但偶尔也会写信问候。他初到牛津时，石遗老人还写诗相赠。1935年12月，石遗老人写下了《寄默存贤伉俪》诗：

> 青眼高歌久，于君慰已奢。
> 旁行书满腹，同梦笔生花。
> 对影前身月，双烟一气霞。
> 乘槎过万里，不是浪浮家。

钱锺书出国前，曾和杨绛一起拜访过石遗老人。那时，石遗老人便感知到了这场生离死别。他拉着钱锺书的手说："子将西渡，予欲南归，残年远道，恐此生无复见期。"

石遗老人的话，太过不吉利，钱锺书只好祝福他金石之坚、万寿无疆。钱锺书断然没有想到，这果然是他们的最后一见。为了怀念这位老先生，钱锺书写下了《石遗先生挽诗》：

> 几副卿谋泪，悬河决溜时，
> 百身难命赎，一老不天遗。
> 竹垞弘通学，桐江瘦淡诗。
> 重因风雅惜，匪特痛吾私。

他离家太远了，对于家人、亲人、友人，只能通过一纸书信来交流情感。巴黎，确实浪漫，生活上也舒适安逸，但此时钱锺书的内心却极为不平静。

那时，法国正经历着一场巨大的变故。德国法西斯的魔爪正向法国伸出，这两个国家很可能爆发战争。石遗老人的去世，引发了钱锺书的乡愁。他在《观心》中写道："试量方寸玲珑地，馉饤悲欢贮几多？"

浪漫的巴黎，再不是浪漫自由之地。他的方寸玲珑心，除了自己的国家再也无处安放。此时，不少留学生已纷纷回国，钱锺书和杨绛尽管还需要再读一年的书，但他们现在等不及了，必须回国。

从法国回国的船票非常难买。几经周折，他们总算拿到了回国船票。

1938年8月，钱锺书和杨绛带着他们的女儿钱瑗踏上了回国的邮船。他们坐着三等舱，在船上漂泊二十多天，终于回到了中国的大地上。

这一段经历，钱锺书和杨绛记忆犹新。即使多年后，仍不能忘记。

从此，他们结束了学生生涯，开启了一段新的人生旅程。

终于归来

异国生活，开拓了钱锺书的视野，丰富了他的见闻学识。他在清华大学读书时，已是名声在外的才子，不少大学已决定聘请他为教师。后来，他去异国求学，国内的老师、教授们仍没有忘记他。

只要有机会，他们仍想聘请钱锺书回国任教。

1938年上半年，钱锺书还在法国巴黎留学。有一天，他接到了一封国内寄来的信件。寄信人是清华大学文学院院长冯友兰教授，他希望钱锺书能回到清华大学任外国文学系教授。这次邀请，又是一次破格"录取"。

据冯友兰说，当时清华大学的惯例是，刚从国外归国的留学生只能任讲师，之后再由讲师升为副教授，然后再升为教授。钱锺书才华出众，博学多识给清华大学的老师们留下了极深的印象。所以，校方认为，钱锺书有资格直接出任教授。

为了能让钱锺书回国，叶公超还特意请求钱基博能够同意，钱基博没有反对。只是，钱锺书计划在法国留学两年，学业尚未完成，他不愿意放弃深造的机会。

随着事态的发展，法国已不再安全。1937年日本发动"七七事变"，中国开始进入全面抗战，留学生都急于回国。一方面，国内战事吃紧，钱锺书在国外的生活经费很可能随时会被切断，回国更是难上加难。另一方面，钱锺书思乡心切，也想在此时为国家尽一份自己的力量。

他接到冯友兰的邀请信后，便觉得现在是回到祖国最好的时候。为此，他放弃了一年的学习机会，带着全家回到了国内。

钱锺书愿意回来，冯友兰很是高兴。没多久，他给校长梅贻琦写了一封信，想要确定钱锺书的待遇问题。钱锺书虽然名义上是教授，但毕竟是破例录用的，冯友兰怕校方给钱锺书讲师的待遇，所以特此申请。他希望校方能给钱锺书教授等级的三百薪水，不少于最近聘请的王竹溪和华罗庚的薪酬。

在钱锺书归国之前，无锡和苏州都遭到了日寇的袭击。钱基博任教于三江大学，为了避难带着全家人逃到了上海，寄寓在法国租界内。杨绛全家居住在苏州，他们也曾想逃离苏州避难，但此时杨绛母亲因病去世，他们未能及时逃脱。

得知家人在国内的情况后，钱锺书和杨绛已经坐不住。正巧工作又确定了下来，他们再也没有等，立刻买票回国了。

在归国的轮船上，三等舱的甲板上坐满了法国人、德国流亡的犹太人、印度人、安南人，以及中国人。钱锺书很不喜欢船上的几位中国留学生，他们除了吃饭睡觉，整天以赌博的方式消遣。

钱锺书依旧读着书，读书累了，才会到甲板上溜达溜达。他在放松之时，眼前突然出现了一位特殊的中国人。

这人便是著名的诗人冒效鲁。他字景璠，别号叔子。1930年毕业于北京俄文专修馆。他这次出国，是跟随颜惠庆一起出使苏联。

两位大才子在船上相遇，可谓是他乡遇故知。1962年时，钱锺书给卢弼写信，还称赞冒效鲁"壮游域外，通百国之宝书，夙承家学，工六朝之韵语，续默深海国之编，补愿船朔方之乘，今日之凤毛也"。

之前，他们只闻对方之名，如今识得对方，彼此不禁感叹对方是一位翩翩才子。冒效鲁在莫斯科时，读过钱锺书用英文创作的文章。因为对钱锺书印象很深，两个人很快聊到了一起。

钱、冒二人，年轻气盛，谈到诗词歌赋颇为感慨。在他们眼中，当下已无真正懂诗词之人，大有傲视俗人、俗物、俗诗之态。语及苏东坡，冒效鲁说"他差一点"，钱锺书听完立即对他产生了更大的兴趣。

苏东坡他都不放在眼中，这人作的诗岂不是要好得前无古人，后无来者？钱锺书向冒效鲁讨教，能否作诗一首供他欣赏。冒效鲁拿出自己的诗集，钱锺书阅读完毕，只觉得笔锋老辣，确实非同一般。

这本集子，让钱锺书想到了自己那本诗集。一想到里面收录的诗多是绮靡之作，便不禁脸红起来。对于钱锺书的诗作，冒效鲁在《石遗室诗话续编》中曾读到过，此刻任钱锺书再后悔也于事无补了。冒效鲁只好用杨诚斋的诗来安慰钱锺书说："被渠谱入旁观录，四马如何挽得回？"

年轻时的作品，虽然不够成熟，但也是那一时期的真情实感。更何况，钱锺书写下许多情诗，倘若没有这些情诗，又怎能讨女子欢心，又怎能证明他是一位多情的才子呢？

经过冒效鲁一番安慰，钱锺书总算释然了。

临别之际，冒效鲁还邀请钱锺书在他的诗集上题词。钱锺书不再怕写下"绮靡"之作，便答应了。

回国后，冒效鲁与钱锺书仍有往来。有一次，他们相见后，冒效鲁有诗《送默存讲学湘中》赠予钱锺书：

> 我生寡朋俦，交子乃恨晚。岂不欲子留？饥驱不容缓。
> 独此方寸心，不与境俱远。回思谈艺欢，抗颜肆高辩。
> 睥睨一世贤，意态何瑟僴。每叹旗鼓雄，屡挫偏师偃。
> 光景倏难追，余味犹缱绻。去去好铸人，大我邦国本。
> 不尔勤著述，砭俗振疲软。慎毋为乡愿，随众效姝暖。
> 得暇倘寄书，慰我别后眼。

这两位才子，虽然都傲视俗物，但却都认为对方非池中之物，可见其惺惺相惜之情。

冒效鲁是钱锺书人生中非常重要的一位朋友。他能在钱锺书焦头烂额、忧思国殇之时出现，算是解了他的满心忧伤。

船到香港，钱锺书匆匆下船，改道去昆明报到。杨绛则带着钱瑗继续北上，去上海探望家人。

按照计划，钱锺书应该先去上海与家人团聚，之后再去昆明报到。但抗日战争期间，一切变数太大，他不得不与妻子别离。

1937年，抗日战争全面爆发，北京大学、清华大学、南开大学搬迁到了湖南长沙，组成长沙临时大学。1938年4月，又迁至昆明，改为国立西南联合大学。西南联大创建后，又重新邀请了一批著名的学者、专家、教授等。

钱锺书来西南联大任教，除了这是全国最好的学府外，还因为这里有他最熟悉的老师和同学。他来到这里，算是老友相聚，有了他们的陪伴，总好过他孤身一人去别的学校任教。

只是，他舍不得妻子和女儿。这些年，他习惯了她们的陪伴，他们早就是不能分开的一家人。

此时，钱锺书的心中隐约升起一个念头，他要想办法让他们一家三口团聚，且再不分开。

第五章　归国不等于归家

去昆明任教

生逢乱世，身心都是无处安放的。严酷的环境，困窘
的生活，逼得人们不得不去寻找安全之所，用以安放自己的
身心。

可是，身处于动荡的世界里，哪里会有真正的安全，哪
个地方能真正地用以安放灵魂？

初到昆明，钱锺书一切都好，唯独不好的是他太思念杨
绛和女儿了。他把思念化作诗句，表达了他的苦闷与惆怅。
他在《双燕》里写道：

双燕飞归自海西，双飞归燕不双栖。

空思故国春相逐，苦认前巢路竟迷。

如此风光偏失侣，无多土地许衔泥。

将雏尘上灰扬处，可得孤花与表题。

与杨绛在一起生活三年，他已经习惯了她的陪伴。少了
她，他身边纵是有朋友、同学，仍觉得不够味道。

　　如今的西南联大，可谓是学者云集的地方。吴宓、叶公超、冯友兰、朱自清、陈寅恪、钱穆等，钱锺书熟悉的老师、朋友都在此任教。吕叔湘、施蛰存等，与钱锺书住在一个院落。昆明四季如春，小院风景秀丽，课余时钱锺书便坐在院子里读书。

　　朋友们说他这是读书用功，实际上他用功读书还是为了打发苦闷的生活。

　　钱锺书在西南联大任教时，是学校里最年轻的教授之一。他主要教授三门课程：欧洲文艺复兴、当代文学、大一英文。前两门课程是高年级的选修课程，大一英文是一年级学生的必修公共课程。

　　钱锺书上课，只说英语，不说中文，既讲史实，解析名作，又会将具体的事件简单概括，让学生们整理出自己的思想脉络。

　　与其说钱锺书讲的是文学史，不如说他讲的是思想史。钱锺书上课还有一大爱好，他常常一个人、一支粉笔即是全部课程内容。他不翻阅大学课本，不提出问题，只给学生们启发。对于学生，他不表扬，也不批评，只用微笑回应。

　　一时间，钱锺书的课成了学校里最受欢迎的课程。学生们听得聚精会神，忘记了做笔记。但是若要问学生课堂内容，他们却都能默背出来。学生们说，听钱老师讲一次课，即是读了一篇好文章，有了一次美的感受。

钱锺书成为学校的风云教师后，陈寅恪和吴宓后来有一次读到了学生们的课堂笔记，也大为赞赏，称钱锺书是"人才难得"。然而，无论钱锺书在学校有多风光，有多受欢迎，仍不能排解他生活上的苦闷。

在昆明，钱锺书住在文化巷11号。这里有一个书房，他把它称为"冷屋"。一个"冷"字，道出了钱锺书内心的苍凉。这些年来，纵是出国留学经历生活的种种不如意，他仍然很少悲观。现在，他住在"冷屋"里，只能用笔温暖自己。

有人说，"冷"也有"冷眼旁观"之意。因为他回到国内，目睹了太多形形色色的人，早就懂得"冷眼旁观"了。其实不然，他在《昆明舍馆作》中，表达的便是他内心的凄凉。

万念如虫竟蚀心，一身如影欲依形。
十年离味从头记，尔许凄凉总未经。

屋小檐深昼不明，板床支凳兀难平。
萧然四壁埃尘绣，百遍思君绕室行。

　　他不是"冷眼旁观"的局外人，而是生活里的"局中人"。当然，除了作诗，他还写了一些随笔，这些随笔他都以《冷屋随笔》为题发表，并引起了极大的反响。像是1939年4月出版的《今日评论》第一卷十四期刊登的《一个偏见》，倒是有"冷眼旁观"之意。他在这篇文章中，第一句写的便是"偏见可以说是思想的放假"。

　　西南联大的学生们读了这篇文章，无一不拍手称赞。这像是一句真理，也像是一句可以单独提炼出来的金句。

　　在思想和学术上，钱锺书可以"冷眼旁观"，以局外人的角度去看学问，但在生活上，我们每个人都是"局中人"，钱锺书也不例外。

　　他一边在"冷屋"里发泄着自己的凄惶，一边在"冷屋"里接受着屋外的掌声。

　　有时人生就是这样戏剧。许多人都会因为你的成功与名声，便认为你会过得很快乐，但没人知道，快乐与否与名利并不相干。

　　成功可以带来一时的快乐，但却不能让人永远快乐。毕竟，掌声过后，我们仍要回到现实，在点点滴滴中承受自己生活里的不如意。

　　在"冷屋"里，钱锺书将《冷屋随笔》系列以及发表的其他文章整理成册，汇集成了《写在人生边上》。《魔鬼夜访钱锺书先生》一文，便是创作于这一时期。他在文章中，写自己受到"魔鬼"的引诱，其实也是在写他思念家人、妻子、朋友等。

他想挣脱这些引诱，但也只能将自己放在凄凉的空气里。一个又一个无边际的夜，不知道什么时候是个头。他只觉得，自己消融并被吞并在了夜色中，仿佛一滴雨水终于归于大海。

雨水归于大海，不是雨水有了停泊的港湾，而是体会到了更远、更深的寂寞。

钱锺书想去上海，想知道他的家人，尤其是妻子和女儿过得好不好。

杨绛与钱锺书不同。她有女儿，回到上海又有家人、亲戚等，可谓是过得忙碌而充实。她先到钱家，见了公公、婆婆、叔父、婶母等家人，随后又带着钱瑗回了娘家。

此时，杨家人为了避难也来到了上海。出国三年再见到父亲，杨绛既欣喜又难过。欣喜的是一家人总算团聚了，难过的是她失去了母亲和三姑母。

杨绛母亲在日寇轰炸时因病去世，三姑母则为了保护邻居被日本兵用枪打死了。

杨绛不能忘记，她出国前坐在火车上，当火车停在苏州月台旁边时她忽然泪如雨下，觉得父母在想她。她很想不管不顾地跳下火车拥抱父母，但理智最终战胜了冲动。

她没想到，那次别离，竟是永别。

钱、杨两家都住在法租界内，杨绛两头跑很是方便。她有时住在婆家，有时回娘家居住。上海的生活也是苦的，但有了家人的陪伴，她一点也不寂寞。只要见到家人，听见他们的笑声，她即使再苦再累，心里的愁闷都能一消而散。

杨绛回到上海后一切平安，钱锺书很是欣慰。他们夫妻也常写信，倾诉彼此生活里的琐事。当然，他们也写自己读了哪本书，又有了怎样的见解。杨绛回苏州安葬母亲和三姑母时，见到了劫后的家。那时，家已经没了样子，屋内只剩一片狼藉，其惨景已不堪下笔书写。

钱锺书身在昆明，并没有见到苏州房子的惨状。他曾寄《昆明舍馆作》七绝四首给杨绛。第三首中写道：

> 苦忆君家好巷坊，无多岁月已沧桑。
> 绿槐恰在朱栏外，想发浓阴覆旧房。

万事万物，都会随着时间而发生变化。苏州老宅变了，杨绛也变成熟了，钱锺书又怎能不变？

可是，钱锺书不肯变。他依旧保持着在清华大学读书时的狂态，这使得他在昆明的日子越来越不好过。

学子读书，身上多点儿自信与骄傲，自然是没有问题的。可是，当一个人步入社会后，还要用当学生的态度来应对工作，便很容易遭到身边人的排挤和妒忌。

一个人既要有面子，又要有里子。暂且不管他人的里子如何，至少要给足别人面子。

这种价值观，有人叫圆滑。钱锺书不喜欢圆滑，他偏要以锋芒毕露的态度来与身边人相处。

这样的性格，注定会遭受一场打击，最终以不愉快收场。

不开心的昆明时光

1938年夏到1939年夏，钱锺书一直在西南联大教书。这里尽是他的旧师老友，他理应过得开心。然而，在昆明任教期间，钱锺书过得极不愉快。这不仅仅因为他想回到上海，还因为他得罪了这里的人。

钱锺书自幼喜欢臧否人物，只要是与学术相关的事，他绝不含糊，一定要说得清清楚楚、明明白白。有人说，钱锺书言语刻薄，说话多讽刺。但这些话也仅仅是对于学术而言。

只是有时候，身边的朋友或老师在学术上犯了懒，或一直没有突破，或没有自己的思想见解，他便会以"人身攻击"的方式讲出来。

钱锺书否认自己得罪过别人，但被得罪的人却很难忘记这些事。他们认为钱锺书太过轻狂，早已不将任何人放在眼中。甚至众人对他的评价也一贯是，比较高傲，能入其"法眼"者甚少。

因为许多人都不能入钱锺书的"法眼"，所以他也没能入别人的"法眼"。他成了被排挤的对象。

当然，也有人说，钱锺书才华横溢，是因为有人嫉妒，他才受到排挤的，这也很有可能。无论当时真实情况如何，总之钱锺书一年后离开了西南联大。

离开昆明前，好朋友滕固为他践行。钱锺书认为，此番来昆明任教，能遇到滕固这样的好友不枉此行。滕固赠诗给钱锺书，其中两句写道："十九人中君最少，二三子外我谁亲。"可见两人是彼此的知音。

只是，钱锺书走后不久，滕固一病不起，成了近代史上一位英年早逝的学者。

1939年初伏时，钱锺书在昆明发电报给杨绛，他要回家探亲。不久，他回到上海，住在杨家租来的寓所里。那时，辣斐德路钱家人太多，再挤一个钱锺书实在困难，只好让他"另谋去处"。

虽然钱锺书没有与家人住在一起，但他每天早上都会去钱家请安。有了家人的陪伴，钱锺书在昆明的不开心一扫而光，脸上渐渐有了一些笑容。

白天杨绛忙筹建振华女中苏州分校的事，钱锺书则一个人在家读书，或听杨绛表姐的妯娌和婆婆吵架。如果钱锺书开着门，杨绛的表姐还会建议他把卧室的门关上，免得有失面子。钱锺书喜欢凑热闹，常开一条小门缝偷听。有时听到精彩处，还会跑到岳父屋里讲给他们听。

钱锺书学得有模有样，杨家人很喜欢。久了，表姐便不管别人吵架时，他是否开着门儿了。

钱锺书在上海的生活很快乐，闲来无事时经常与老友相聚。

那时，诗人冒效鲁也到了上海，两人经常见面聊天。他见钱锺书对诗颇有研究，便建议钱锺书撰写诗话。《谈艺录》一书，正是起源于冒效鲁的建议。

钱锺书在上海待了大约四个月，之后他的快乐生活便被一封信打断了。

钱家人避难到上海后，钱基博并没有留在上海，而是去湖南蓝田就任教授兼国文系主任了。如今，他身体欠佳，希望钱锺书能去蓝田任教，顺便照顾他。

钱锺书拿不定主意没有立即动身，钱基博便频发电报催促。正当钱锺书犹豫不决时，湖南蓝田国立师范学院院长廖世承来到上海，反复劝说钱锺书去当英文系主任。

身为儿子，照顾父亲理所应当。可是，西南联大工作未满一年，去其他学校任教终归是不应当的。杨绛建议钱锺书留在西南联大，尽到自己对工作的责任。

钱锺书也认为不应该离开西南联大，但是，他的母亲、叔父、弟弟却认为他该去蓝田。钱锺书纠结了，一面是工作责任，一面是身为人子的责任，他不知该如何抉择。

杨绛见钱锺书拿不定主意有些生气。她认为，既然留在西南联大是对的，就该向家人讲道理，并得到他们的认同，而不是犹豫不定，为了不得罪家人而一味退缩。

钱锺书没有跟家人讲道理。在他看来，钱家人为父亲着想也是情理之中的事。更何况家不是一个讲道理的地方，家更注重情感的联结。

杨绛把这件事告诉了杨荫杭，希望爸爸从父亲的角度，帮儿女们拿个主意。杨荫杭听完沉默了。他没有说杨绛是对的，也没有说钱锺书是对的。身为人父，他当然希望自己生病时儿女在侧。但从另一方面来说，工作也需要责任心，他不能否认这份责任。

与此同时，保持沉默的还有钱家人。他们用沉默抗争，以此来证明他们是对的。杨绛去钱家见到了众人难看的脸色，心里很不是滋味。一开始，她认为自己也没错，后来见钱锺书如此为难，便开始同情他了。是啊，他还没有拿定主意，家人已经这般为难，倘若他真要留在西南联大，他在这个家里就更不好过了。

9月，钱锺书给叶公超写了一封信，但并没有收到回信。10月初，钱锺书便"自作主张"，跟着蓝田师院的新同事登上了开往湖南的客船。

钱锺书刚离开上海不久，杨绛便接到了西南联大发来的电报，问钱锺书为什么不回复梅贻琦校长的电报。

事实上，钱锺书和杨绛从未收到过任何电报。倘若他们收到了电报，钱锺书未必会动身去蓝田。

钱锺书在两难中纠结过，也试图向西南联大校方解释，但因为没有收到回信，所以决定做一名孝子。可是在许多人看来，他之所以离开西南联大是因为在昆明过得不愉快。因为这件事，钱锺书"得罪"了西南联大，让他们夫妻好一番解释。

四十天的颠簸旅途，钱锺书没有时间立即回复校方。待他抵达蓝田师院后，他立即发了一封电报给梅校长。

月涵校长我师道鉴：

　　七月中匆匆返沪，不及告辞，疏简之罪，知无可逭。亦以当时自意假满重来，侍教有日，故衣物书籍均在昆明。岂料人事推排，竟成为德不卒之小人哉。九月杪屡欲上书，而念负母校庇荫之德，吾师及芝生师栽植之恩，背汗面热，羞于启齿。不图大度包容，仍以电致。此电寒家未收到，今日得妇书，附莘斋先生电，方知斯事。六张五角，弥增罪庾，转益悚惶。生此来有难言之隐，老父多病，远游不能归，思子之心形于楮墨，遂毅然入湘，以便明年侍奉返沪。否则熊鱼取舍，有识共知，断无去滇之理。尚望原心谅迹是幸。书不尽意，专肃即叩钧安。

门人钱锺书顿首上。十二月五日

钱锺书确实有难言之隐。尽管传说他是因为在昆明过得不愉快才转而去蓝田的，但通过这封信可以看出，他去蓝田完全是因为父亲需要他的照顾。

西南联大校方收到信后，也认为钱锺书去蓝田照顾父亲并无不妥。这不过是一场误会，解释清楚之后这件事自然就过去了。

自古忠孝难两全，鱼与熊掌往往不可兼得。当两件同等重要的事情放到天平上时，无论你选择哪一方，都会令天平倾斜，也会让天平上的另一件事砸下来。选择了忠，孝便会"砸"到你，指责你的不孝、不义；选择了孝，忠也会

"砸"到你，诽谤你为人之不德。

许多时候，选择并不是"不管别人怎么看，我都做好自己"这样简单，因为当你被外界"砸"到时，一定会痛苦。

这份痛苦，并非来自不洒脱，而是你太在乎。只有在乎的事，你才会再三权衡。因为你在乎，才会两者都想要，且都想完美做好。

所以，真正考验自己的，从不是选择了"鱼"之后将它做好就够，而是你放弃"熊"后，是否也能做到放手。放弃是不得已的选择，放手是心中不再有愧疚和遗憾。

唯有放手，你才不会在尝到选择带来的甜美时，还记挂着得不到的苦。

辗转到蓝田

清人赵翼阅毕历史兴衰之后，不禁发出了"国家不幸诗家幸，赋到沧桑句便工"的感慨。

人在巨大的悲痛中，往往能创造出伟大的艺术。这是因为，人在极度悲痛中，其愤慨，其悲情，其思考，都是深刻而悲壮的。在灾难面前，眼看一个个生命倒下去，纵算他并非诗人，也会发出无尽感慨。

恻隐之心，人皆有之。然而，个人力量太小，你谁也救不了，只能流下双行热泪，写下这满腔不平之意。

1939年10月，钱锺书与同行者定好了去宁波的船票。由于日军封锁海面，无法通航，一直到11月初才出发。

这一路，游客拥挤非凡，他们为无法到达目的地而着急。待他们到达宁波后，方才有了脱离敌人的魔掌之感。从宁波到溪口，他们一行人乘汽车、邮船、黄包车，原本很近的一段路，足足走了一天。此后，他们全部改乘长途汽车，以为可以更快一些，却不承想每次换乘都要等上三五天。不是买不到票，就是行李还在路上托运，总之没有一站是顺利的。

路上的艰辛、疲惫，让他们的心情越来越差。起初，每次等行李，或买不到车票时，他们还四处转悠，游览当地风景，但因为身处抗日战争期间，交通、出入都极为不便，也便失去了游玩的心情。

钱锺书出国时，在邮船上漂泊过，他有长途旅行的经验。尽管他已心力交瘁，但他仍会悠然自得地读书。只要有书，再难熬的旅途都没有问题。

他读的是一本字典。他说，在旅途中，你不能做系统性的研究，因为你不知道下一刻会发生什么，所以字典最好，随翻随玩，如果遇到生冷的字还能多记几种用法。更可喜的是，前人所著的字典，会记录下当时人们使用的口语，表现旧时习俗，研究起来也十分有趣。

这些乐趣，无法与外人道，也道不出。

能在字典里读出乐趣的人实在不多。因为普通人不仅对背诵生字毫无兴趣，对旧时口语更是认为没有研究的必要。

一个人之所以能成为学者，绝对需要非凡的功力。这功力不仅需要努力，还需要兴趣，且要能一直玩味。否则，学问便如数学般枯燥。相反，能发现数学之美的人，也正如钱锺书般找到了乐趣，且认为值得玩味一生。

兴趣能决定人生方向，但未必所有人都会以兴趣来作为谋生的职业。

钱锺书知道杨绛很挂念他，怕他一路颠沛流离，伤神劳形。所以，他写信时，尽量写些路上的新奇事，好玩的事，让她放心。

事实上，这是钱锺书生平以来第一次遭受大劫。许多年后，他把这段经历写到了《围城》里，杨绛才知道原来"好玩"是假的。

书中写到方鸿渐闻到一阵烤山薯的香味，饥饿立刻袭来，胃部加紧地抽。他饿了，可无食可吃，真是身心皆难受。

此时，假如杨绛知道钱锺书饿肚子，一定会心疼坏了。不过，当杨绛捧着《围城》尽情地阅读时，却最喜欢书中湘行的部分。一来人生如羁旅，本身就是一场盛大的旅行。这一生，偏偏要在苦难中"行"过，才能看清一个人的品性到底是怎样的。二来钱锺书借这段行程，揭露了人性的丑陋与不堪，是一种极为深刻的隐喻。

钱锺书的作品之所以深刻，离不开他的这段经历。倘若他是温室里的花，纵是能幻想出人性的丑态，也仍有隔靴搔痒之感。

唯有真情实感，才能打动人心。

蓝田国立师范学院，是一所刚成立两年的学院。钱锺书任教时，一切还是草创。校内图书奇缺，至1938年12月图书馆内也仅有896本书。后来，学校在湖南购置若干，又借用南轩图书馆数万册书，加上镇江图书馆存湘图书及安徽大学存重庆部分图书，藏书才逐渐丰富起来。

在这里，钱锺书教学很是清闲，用他的话说是"冗闲"。为此，他只能在教学之外埋头读书，或去找邻屋的父亲聊天。

那时战事吃紧，强寇四逼，钱基博又重读起《孙子兵法》，希望为抗日做点事情。他曾应李默庵将军的邀请，赴南岳为干部训练班的战士讲解《孙子兵法》一书。

钱锺书的到来，令钱基博非常开心。这不仅因为儿子能照顾他的起居，还因为儿子实在太优秀，身边的人总是对钱锺书赞叹不已。

蓝田的冗闲，给了钱锺书读书和专心写作的机会。他开始创作《谈艺录》，虽说这是一部赏析之作，但"实忧患之书也"。

他和父亲一样，都为国家的前途和命运担忧着。

《谈艺录》写起来还算顺畅。他每晚写一章，二三天后再修补，如有不妥之处便继续补缀下去。钱锺书灵感太多，写着写着，边边角角便布满密密麻麻的字了。

除《谈艺录》外，他还写了很多旧体诗，以及其他文章。像《窗》《论快乐》《吃饭》《读〈伊索寓言〉》和《谈教训》，也是在此完成的。

蓝田师院与其他学校不同。这里除了书不够丰富外，物资还极为匮乏。许多房屋并不适合做教室，操场、体育、音乐等其他学科更只能一切从简。

在这样的环境下，钱锺书感觉人生犹如"围城"。

你以为自己可以不依靠他人活下去，但其实生活处处要靠别人。你以为自己找到了真爱，最终却发现自己不过是进入了婚姻的"围城"。你以为自己可以活出傲气，却不承想变成了最世俗的人。

有些人正走在去往"围城"的路上，有些人正深陷于"围城"中，还有些人渴望从"围城"中爬出来。

此时，钱锺书正受困于"围城"里。他活得不自在。

这种痛苦，不亚于他从上海到蓝田的旅途中所吃的苦。与身体的痛苦相比，心灵的痛更为深刻。

突然间，他有了创作小说的冲动。他要写下这段艰难的旅途，他要写下世俗中的人情世故，他还要写下活在现实里的男男女女。

痛苦激发了钱锺书的创作欲。他之前写作，不过是表达学术上的观点，纵是写交友，谈快乐，也不过是以学术之眼，观人生之事。

然而，《围城》是不同的。他要以世俗之眼，创作出具有艺术性的文学。

辗转到蓝田，是钱锺书人生中最深刻的磨砺，然而这种磨砺成就了他的文学，让他第一次尝到了春天的滋味。

我是俗人，渴望回家

上天是公平的，给了你才华和学识的同时，一定会拿走你其他东西。同样，也许我们擅长处理生活琐事、擅长人际交往，却未必是有才华的人。一个人的精力有限，想要把时间花在提升自己上，生活方面便要有所放弃。如果想要生活圆满，用于身心提升的时间便会有所减少，许多事自然就无法做到极致。

钱锺书喜欢读书和学习，在这方面几乎花了全部的时间，所以他在人际交往方面总是不尽人意。在昆明时，钱锺书在人际交往上吃了亏，当他来到蓝田，他开始变得有些沉默寡言了。

他不愿意说违心的话，便不说；他懒得与人接触，就少花些心思。

历史学者吴忠匡是钱基博的学生，钱锺书的朋友。蓝田国立师范学院成立后，他还未大学毕业，钱基博破格让他来蓝田师院担任助教。

在蓝田师院，他成了钱锺书的好友。他认为，钱锺书在为人处世方面极为单纯，像水晶球般透明，内外如一。钱锺书有着超群的智力和想象力，思考风格也是独一无二的。可是，在书本以外的生活领域，则表现得太过缺乏常识。

每次上街，钱锺书走着走着便迷失了方向，找不到自己的宿舍。他不会买东西，一买东西就会买贵，还以为自己捡了大便宜。人们嘲笑钱锺书不懂生活和人情世故，只懂得书本知识。钱锺书得到这样的评价很不服气，说自己早就看懂了人生和社会上的形形色色。

可是谁信呢?

吴忠匡先生读完《围城》后,认为钱锺书在小说中对人生和生活的刻画惟妙惟肖,不能说他不懂人生和人性。

但是,吴先生仍认为,他是纯粹的学者型人物,非常适合在书本的广阔天地里遨游,除此之外,钱锺书并不适合其他工作。

钱锺书的一生,除了当老师、做学问外,也几乎没有参与过其他工作。当老师,做学问,是他擅长的,他又何必自讨苦吃,一定要去尝试做其他工作呢?至于他是否适合其他工作,他自己没有做过,我们也不敢轻易下结论。不过,他年轻时喜欢臧否人物,后来渐渐地只与谈得来的朋友交流,到晚年闭门不出,不再多言。

我们用两年的时间学习说话,用一生的时间学习沉默。钱锺书在这方面做到了,谁说这不是一种境界呢?至于处理人情世故的能力,也需要花时间去提升。与其在交际上浪费时间,不如学会沉默寡言。

这是他在看透人情之后懂得的道理。他如果既想保持水晶球似的单纯,又想与人很好地相处,那么除了沉默以外,好像也没有更好的选择了。

在沉默中,钱锺书开始变得"多产"。他除了写《谈艺录》和《写在人生边上》以外，还出版了《中书君近诗》一书。这本书接续了他在光华大学时期的《中书君诗》。与《中书君诗》的真情流露相比，他的《中书君近诗》则写得更为沉稳。

在蓝田师院，钱锺书对很多事情提不起兴趣。大把冗闲的时间太过无聊，不禁让他产生了回上海的想法。

他太想念妻子和女儿了。这种别离之痛，他再不想品尝。他暗暗地想，倘若他能再回到上海，以后无论遇到什么事，他们一家三口都再不要分开。

再也不要了。

1940年，钱锺书的妹妹钱锺霞来到了蓝田。

此前钱锺霞一直住在老家无锡，因老家沦陷特意来找父亲避难。钱锺霞机智能干，容貌秀丽，求婚者一直络绎不绝。钱基博对那些人并不满意，替女儿拒绝了许多求亲者。

蓝田师院虽然是一所新创建的学校，但其学子们的才华并不减清华、北大等老牌学校。学校里有位叫石声淮的学生很喜欢钱锺霞，一直苦苦追求她。石声淮是国文系的学生，模仿钱基博的文章几可乱真。钱基博很喜欢他，认为自己的学问后继有人了。当他向钱基博提亲时，钱基博答应了。

石声淮其貌不扬，患有皮肤病，钱锺霞并不喜欢他。钱锺书知道妹妹的心思，也舍不得将妹妹嫁给身体患有疾病的人，便反对他们订婚。钱基博则认为学问、人品更重要，皮肤病之类的是小事。

钱锺书拗不过父亲，只好作罢。钱锺霞见父亲坚持己见，不答应会伤了父亲的心，只好答应与石声淮结婚。

后来，石声淮从蓝田师院毕业，去了武昌华中师范学院。他不负师长及岳父钱基博的期望，继承了恩师的衣钵。

石声淮和钱钟霞虽然有一个不算美丽的开始，但最后总算有了一个美好的结局。

钱锺书对于婚姻的理解与父亲是不同的。

钱基博看重人品与学问，钱锺书则认为两个人一要门当户对，二要性情相投。如果女方因年龄太大而恨嫁，则大可不必。

做学问和选择伴侣一样，要耐得住寂寞，要等得起。

钱锺书也在等，他在等回上海的机会。

1940年时，他就准备过回上海探亲。奈何湖南是日本人"打通大陆的交通线"，钱锺书行到半路，只见烽火连天，交通阻碍，只好返回蓝田师院。

既回之，则安之。之后，他只好在冗闲的时间里继续耕耘。

他变得更努力了，常读书到深夜，以至于次日总是匆忙地去上课。他本来就不擅长生活，衣服也常穿反，前后不分，这下子更是在慌乱中频频出错了。

学生们一开始会"嘲笑"老师，久了也就不再奇怪了。

钱锺书是孝子，经常去父亲的房内陪他聊天。有时，钱基博屋内聚集了许多人，钱锺书一时兴起，也会跟他们一起聊天。

有一次，他们谈到了中西方古人的美食。钱锺书对此颇有见地，他开始引经据典，对中国、西洋等地的美食滔滔不绝地谈起来。

他们有时也会谈到古人，像是袁枚、龚自珍、魏源、曾国藩等。每次谈到这些人，他都能在逸闻趣事中探讨其历史真相。对于某一人物，他既会谈论正面，也会谈论他们的荒唐事。因为正反两面都了解过，对一个人才能有更为深刻的认识。

钱锺书有时也会去朋友的房内聊天。一次晚饭后，他与吴忠匡、徐燕谋清谈，从古至今，钱锺书无一不知，无一不晓。谈到激情处，他还手舞足蹈。

兴尽而别后，徐燕谋发现自己的蚊帐竟然被钱锺书捅出好几个窟窿来。

徐燕谋，名承谟，是钱基博的学生，钱锺书在桃坞中学读书时的同学。在中学时，他们并不相熟，只是一个班级里的同学而已。后来，他们在蓝田师院相遇，才发现原来彼此是谈得来的知音，两人的友谊也发展到了相当深厚的地步。

钱锺书的写作规划，徐燕谋全部知道。他说，这一时期，钱锺书已经开始构思《围城》了。书里会写到的人物，以及全书的构架，钱锺书都会与他一起探讨。

欢乐的时光，总是短暂的。尽管有朋友，有家人，钱锺书还是会感觉到寂寞。

朋友不能填补相思之情的无底洞，父亲和妹妹也不能完全给他家的温暖。

不是朋友和家人不够好，是妻子已经成了他的习惯。这种习惯，他戒不掉，不管多久。

1941年暑假，钱锺书决定再一次回上海探亲。为了能够顺利抵达上海，他决定走水路，因为烽火连天陆路太过危险。

这一走，就是一个多月。7月，他终于踏上上海这片土地。

再见杨绛和女儿，他感慨万千，心中有难以言说的惆怅。

好在，他们团聚了。

什么是幸福？幸福不需要一首首情诗，也无须你侬我侬地交织在一起，而是你在，我便心安。

你是我戒不掉的习惯，我是你离不开的空气。

幸福不是吃到了颗糖，而是没有你，我会尝到世间的苦。

第六章　有你，世间没有孤岛

回到上海

人们常说世界很大，大到需要一生的时间用脚去丈量。然而，对于另一部分人来说，世界很小，仅一个人，一个家，已是他们的全世界。

他们可以在方寸之间行走一生，且永无疲厌。

钱锺书一直记挂着他的家。杨绛、女儿，是他全部的世界。如今，他回到了上海，回到了日思夜想的家，却不承想，迎接他的是女儿的冷漠。

他离开了太久，女儿早已忘记了爸爸。

钱锺书在蓝田师院待得脸更黑了，头发长长了，穿的衣服布料也粗糙，确实与他离开上海时大有不同。

钱瑗看着钱锺书，像是在看一个陌生人。她见他把带回的行李放在杨绛床边，心里怕他对妈妈做什么坏事，便时时监视着他。

晚饭后，钱瑗怕钱锺书留下来，忍不住要赶他走。她说："这是我的妈妈，你的妈妈在那边。"

钱锺书听完并没有生气，而是笑着问她，到底谁先认识的她的妈妈。钱瑗很认真地做了回答，她认为她自一出生就认识了妈妈，自然要比他更早些。

钱瑗的回答很哲学，令杨绛吃惊不已。谁说认识的时间长，就算认识得久？如果按认识时的年龄来计算，钱锺书认识杨绛的确更晚些。

不过，钱锺书急于得到女儿的认可，对于女儿的哲学回答他并没有表现得太过惊奇。很快，他找到了一个可以说服女儿的方法。至于他说了什么，女儿又如何认可他的已不得而知，杨绛也不知道。

杨绛只知道，从此妈妈退居二线，爸爸占了女儿心中的第一。

钱锺书是一个调皮的大男孩，钱瑗是一个淘气的小女孩。钱锺书回上海以前，钱瑗有人疼，有人爱，有人管，有人教，唯独没有人同她疯玩儿。现在，钱锺书回来了，他们常常没大没小地玩闹，惹得家人很是"讨厌"钱瑗。有一次，钱锺书的母亲开玩笑地说，岂止小的讨厌，要打，大的也很讨厌，更要打。

钱锺书确实很让人生气。他一调皮起来便不管不顾。在国外时，有一次杨绛读书读累了，趴在桌边睡着了，他便在她的脸上作起了画。谁知，墨水太难洗，杨绛差点洗掉一层皮。现在，钱锺书把作画的瘾转移到了钱瑗身上。他在她的脸上画胡子，在她的肚子上画鬼脸，钱瑗倒是很开心并不生气。

钱锺书最拿手的自然不是作画，而是与文学相关的游戏。他很擅长顺口溜和起外号。有一天，钱瑗午睡后精神大好，使劲地在大床上跳来跳去，钱锺书见到了立刻说她："身上穿件火黄背心，面孔像只屁股猢狲。"钱瑗听完，知道这不是句好话，气得"噘嘴撞头"表示抗议。钱锺书见她气鼓鼓的样子很可爱，又用取外号来逗趣。他用猪噘嘴、牛撞头、蟹吐沫、蛙凸肚等外号来形容钱瑗。

钱瑗突然得到这么多外号还是头一次，虽然不是什么好听的外号，但心里很是得意，因为她知道，这是爸爸爱她的方式。

有的父母给儿女的爱是直接的称赞与关怀，有的父母则喜欢用相反的方式来表达爱。故意惹你生气，假装自己是个"坏父母"，其实都是为了与孩子建立平等的关系。

父母只有与孩子成为朋友，他们才能真正地交心，而钱锺书与钱瑗正是这样的交心朋友，地道的"好哥们"。

钱锺书这次回到上海，原本只想小住几个月后就回蓝田师院的，但在回上海的这段时间里，他接待了西南联大外语系主任陈福田的来访，对方希望他再回西南联大。于是，钱锺书辞去了蓝田师院的职务，准备再回西南联大任教。他之所以做这样的决定，一是因为回蓝田师院行路艰难，二是因为父亲钱基博有了妹妹钱锺霞的照顾，已不再需要他了。另外，他在西南联大曾草草离职，让西南联大师生产生了误会，现在再回西南联大也能解除彼此的误会。只是，他一等再等，却迟迟等不来西南联大的聘书。

12月，日军偷袭珍珠港，太平洋战争爆发，上海租界被日军占领，上海成了一座孤岛。他想出出不去，去西南联大任教的事也暂时搁浅了。

一时间，钱锺书成了失业者。因为上海沦陷，振华女中分校被迫解散，杨绛也失业了。她为了全家人的生活，既当家庭教师，又在小学代课，业余时间还创作话剧以维持生计。

杨绛越来越忙，钱锺书却越来越闲。他无聊的时候只能在小屋子里读书，过得像个"无用"的人。之前，钱锺书会认为，这样的生活并无不可，只要有书可读，日子总能过下去。现在不同了，自上海成为孤岛后，物价上涨飞快，他们的生活越发地困难了。

他需要赚钱养家，让全家人好好地活下去。杨荫杭看出了钱锺书的焦虑，便将自己在震旦女子文理学院授课的工作给了他。

有了这份工作，钱锺书松了一口气。

震旦女子文理学院是一所教会学校，1942年春，钱锺书被聘为该校的教授。杨绛的妹妹杨必正巧在该校读书，钱锺书成了她的老师。

杨必是杨家除杨绛之外的另一位才女，就读震旦学院时二十岁左右。1949年以后，她曾在复旦大学外文系任教，翻译了萨克雷的名著《名利场》。为了维持生计，钱锺书除在学校任课外，也做家教的工作。他见杨绛创作剧本，自己也有了动笔写《围城》和《谈艺录》的想法。

这段时间，钱锺书除了工作外，大部分时间都闭门不出，或读书，或创作小说。夜晚的时候，钱锺书和杨绛经常能听到日军密密麻麻的靴子声从门前经过。每当这时候，杨绛便会把灯熄灭，直到靴子声消失。

当时，日军对上海的控制极其森严，街口和桥头岗哨林立，过路的人必须对日兵脱帽行礼。钱锺书对杨绛说："我不愿行这个礼，低着头就过去了。"

杨绛知道，钱锺书这样做是危险的，但她并不反对他坚守自己的人格。那时，无故被扣留、被殴辱、被刺刀杀死等全凭日兵的心情，即使性命堪忧他们仍不愿向日军低头。

事实上，钱锺书也不愿向生活低头。在严酷的条件下，只要生活过得去，他仍不忘读书、创作，把心思放到学术上。对于杨绛来说，当时创作剧本是为了吃饭，可对于钱锺书来说，他更想创作出有价值的作品。

学术，是他内心最大的慰藉。长路漫漫，他不知道这座孤岛何时才能解封，他只能满怀信心地期望熬过黎明前的黑暗。

他要在黑暗里，做自己想做的事。有一个抚慰灵魂的东西比什么都重要。它是自己的精神支柱，是熬下去的勇气。

心灵很小，仅在方寸之间。心灵也很大，大得装得下整个宇宙，也能创造出更丰富多彩的世界。

有书，有家，钱锺书很知足。他觉得一家人能同甘共苦，胜过两地分离，生活无忧无苦。他发愿说："从今以后，咱们只有死别，不再生离。"

家和书，是钱锺书用脚丈量的宇宙。有了这个宇宙，生活、名利，都小了。

一个人并非天生就能放下财富名利，而是自己心中有了更广大的天地之后，外在的一切才会变小。

钱锺书没有放下过什么，那些在别人看来重要的事，只是从不曾入过他的"法眼"而已。

惊险的《谈艺录》

自上海成为孤岛以后，钱锺书越发地感觉到了生活的不易。

物价上涨，粮食短缺，吃饭已成为巨大的问题。杨绛说，此时钱锺书的二弟、三弟都离开上海有了生计，唯独"没出息"的钱锺书却要靠学生的救济来维持生活。

学生们会给钱锺书送水果、米粮和书籍。钱锺书倒是无所谓，于他而言，当下还有一顿饭吃，他便不会为下一顿饭而担忧。这除了他心态好以外，还因为他身边有一位善于管家的妻子。

杨绛为了让钱锺书安心创作且不再为生计担忧，已辞去保姆过起了"灶下婢"的生活。一开始，钱锺书还能安心地搞创作，后来见杨绛劈柴烧火、洗衣做饭很是辛苦，不免心疼起妻子来。除此之外，让他更难过的是，杨绛此时已是著名的编剧，为了他甘愿做"灶下婢"，这样的牺牲让他心中有愧。

他屡次想中止创作，好让妻子也能写剧本、写文章，但都被杨绛劝阻了。是杨绛的不断督促成就了《围城》。

每天，杨绛都要听钱锺书讲《围城》里的故事。如果他写得慢，她就急切地催，如果有人要约见钱锺书，她就替他推辞掉那些不必要的约会。

　　杨绛的付出与牺牲钱锺书无以为报，他只能用作品来"报答"她。所以《围城》出版后，钱锺书首先感谢的人是杨绛。

　　《围城》创作的起因是多方面的。一是钱锺书亲身的感受和经历，让他有了创作小说的欲望。二是妻子杨绛的成功，让他也有急于证明自己的决心。三是毛姆的刺激。郑朝宗在《钱锺书杨绛研究资料集》中说："抗战末期他忽然发感慨，以为读了半辈子书，只能评头论足，却不会创作，连个毛姆都比不上。于是发愤图强，先写短篇，后写长篇，那部举世闻名的《围城》，就是在这样愤激情绪下产生的。"

　　毛姆是非常著名的小说家。钱锺书夫妇在英、法留学时，时值毛姆创作盛期，其作品深得读者的喜爱。但在当时的英国文学界，毛姆一直被当作通俗作家。文学家和文学评论家们不重视毛姆，他在文坛的地位并不高。毛姆这样"不入流"的作家钱锺书都比不上，他又怎能算得上是一个文学家呢？

　　事实上，钱锺书欣赏毛姆，他的不受重视，让钱锺书很是痛心。所以，钱锺书在创作《围城》时，在某些特征上与毛姆的小说有相似之处。他想证明，这样的创作方法和类型应该受到文学界的重视，在某种意义上《围城》是站在毛姆小说的基础上进行创作的，《围城》不自觉地与世界文学看齐了。

《围城》写于1944年至1946年，其间钱锺书还创作了《人·兽·鬼》和《谈艺录》。《人·兽·鬼》是一部短篇小说集，题材包括了人、兽、鬼、神四种形象。虽然小说中四种形象变化莫测，但最重要的是借这些形象来反映人的根性。而《谈艺录》则是一部理论书籍，用文言文写就。这本书来自钱锺书早期在清华、光华、牛津、巴黎等大学时的积累，是一部诗词赏析之作。《谈艺录》的内容，主要是与朋友间的"谈"诗的议论，不过中心在"艺"，他记"录"的是自己当时滔滔不绝的谈话。

钱锺书身居沦陷的上海，日本兵常私闯民宅，搜捕抗日分子，《谈艺录》是一本评论著作，稍有不慎很可能被当成"抗日书籍"抄走。那时，钱锺书和杨绛整日提心吊胆，生怕日本兵突然闯入，把钱锺书抓走了。

真是怕什么来什么，很快日本兵找上门了。

1945年4月间，上午九十点钟，钱锺书已去学校上课，杨绛和婆婆、叔父、弟弟、钱瑗在家。杨绛收拾家务时，突然传来一阵急切的敲门声。杨绛大感不妙，内心很害怕，但为了不让他们产生怀疑，还是假装淡定地开了门。

杨绛看到，门外站着一个日本人和一个朝鲜人，她迎他们进门，又赶紧借倒茶的工夫把《谈艺录》的手稿藏了起来。

杨绛下楼后，叔叔偷偷告诉杨绛，日本人拿的本子上写的是"杨绛"，希望她能出去躲一躲。于是，她找了一个借口从后门溜了出去。杨绛知道，暂时溜出来是躲不过搜查的，只要她不向日本兵交代清楚，一定会被抓走的。为了把这件事应付过去，她托人转告钱锺书暂时不要回家，又借了邻居一篮子鸡蛋，装作出门买鸡蛋，办完这些事才从容地回了家。

回到家里，杨绛一顿解释才把他们打发走。不过，杨绛还是免不了第二天去日本宪兵司令部接受审问。

杨绛有许多朋友都是文化人，他们经常有人被抓走。杨绛和钱锺书知道这样的事很可能也会轮到自己。为了安全起见，她极早就向朋友讨教如何与日本兵周旋。

杨绛晚上预习了自己要回答的问题，第二天就去了司令部。她的"预习"让她的怀疑被解除了，日本兵放她回家了。

杨绛保住了《谈艺录》很是欣慰，否则钱锺书的努力将付诸东流。

《谈艺录》成稿于1942年左右，之后一直在朋友间流传。不过，钱锺书对这部书稿并不满意，所以在创作《围城》时，又开始重新修改、补订这部书稿。这样的修改，直到付印前夕还在不断地进行着，相当于重新写作了一遍。

1948年6月，《谈艺录》由上海开明书店刊印，次年7月出版。该书出版后，大受欢迎，成了钱锺书最重要的文学批评著作。

如果说《谈艺录》的这次经历只是有惊无险，那么《谈艺录》在钱锺书手中就是真正的"危险"，差点被"毁灭"。

《谈艺录》是钱锺书早期的作品，后来他又创作了《宋诗选注》和《管锥编》，其内容和见解更为深厚和系统。此后，钱锺书不肯重印《谈艺录》，认为这本书还需要重新修订才行。那时，他一心扑在《管锥编》的创作上，精力实在有限，便打算放弃修改《谈艺录》了。直到1984年补订版出版，才彻底保住了《谈艺录》。此时，《谈艺录》已是一部集中国传统诗话之大成的图书。其内容包括了佛学、精神分析学、结构主义、文化人类学、新批评和超现实主义、接受美学、解构主义等等。

不得不说，《谈艺录》最终还是"失传"了，留下来的版本或许是钱锺书认为最好的版本，但他最初的想法和早期对于诗词的解读，读者终究是看不到了。

有时"兴会之来，辄写数则自遣"之作，反而有如华丽的音乐般流畅。契诃夫说："书是音符，谈话才是歌。"朋友们也认为，钱锺书口若悬河、滔滔不绝的谈话"录"成的文字，更有诗歌之感。

确实，读最初的《谈艺录》，可能有如欣赏一场音乐会，但他毕竟是一位严谨的学者而并非"音乐家"，让作品经得住时间的考验，经得住世人的推敲更为重要。

1980年，《围城》由人民文学出版社重印，钱锺书在前记中说："我写完《围城》，就对它不很满意。"只是，《围城》不似《谈艺录》是文学评论，可以随心修订，便只能随它去了。

每个人都会跟着时间一起成长。站在当下的时间节点往前看，我们人生中太多事都有着诸多的不成熟，但是这又有什么关系？

你在二十岁时，有二十岁的成熟，在三十岁时，有三十岁的成熟，只要每一个当下拼尽全力便好，无须用明天来定义今天。《围城》是钱锺书早期的作品，尽管他不满意，但仍不能否认它是一部值得流传的作品。

毕竟，任何一件事都会有不完美之处，若想修订下去，将永无止境。好在钱锺书给了《围城》机会，没有让它埋没在一次次的修订中，给了读者一场美妙的阅读体验。

一部作品，一件事，一场遭遇，不过是人生中的音符，并非生命的全部。弹奏下一个，永远比纠正当下的错误更重要。

因为意识到错误时，下一个决策必然会更正确些。

交游上海

外界的灾难、现实的无奈会造就一座座围城。与此同时，每个人的心中，还有另一种围城。当你拒绝一件事情时，你已在自己的心上竖起了一道高墙。

你不愿意看墙外的世界，更无意冲破这座城墙，以此来拓宽自己的眼界。你只想沉浸在自己的小世界中，接受着自己愿意接受的一切。

钱锺书看透了"围城"的秘密，所以上海沦陷时他选择接受灾难，活好当下。同时，他又深知日本兵能"禁封"住他的身体，却不能禁封住他的思想，所以他一直在学问上保持着"冲出去"的心态，生怕自己在思想上竖起高墙。

除了读书、写文章以外，上海沦陷期间，钱锺书还结交了不少朋友。陈麟瑞便是与之相交最好的一位。

陈麟瑞是钱锺书的同事，由钱锺书介绍在震旦女子文理学院担任教授。他们两家住在同一条街上，相距仅有五分钟的路程，所以来往十分密切。

杨绛之所以能创作剧本，便是受了陈麟瑞的鼓励和启蒙。他为人十分宽容、随和，也最能接受钱锺书的"臭脾气"，有一次，他指着钱锺书跟杨绛说："他打我踢我，我也不会生他的气。"后来，每次想到这位朋友，钱锺书夫妇便有无限的感慨。

钱锺书与朋友聚在一起，除了聊天以外便是吃饭。他们经常在一家春、知味观、晋城、大来餐厅、会宾楼等饭店吃饭。有时也会去朋友的家里，像是郑振铎、李玄伯、徐森玉等人家里，都是钱锺书经常去的地方。

郑振铎是当时的文坛领袖之一，稿酬丰厚，生活富裕，朋友聚会也常由他来埋单。

钱锺书认为，吃人嘴软，自己也理应破费几次。有一次，郑振铎生日，钱锺书叫来曹禺、李健吾、傅雷等人为郑振铎做寿，结果因为回家太晚，冻坏了郑振铎。又一次，钱锺书请朋友们在洪长兴吃饭，郑振铎因为太喜欢吃这家的饭菜，结果吃坏了肚子。郑振铎是可爱的，跟钱锺书一样，真实、不做作，又极有才华。后来，《围城》写完后，也是在郑振铎主编的《文艺复兴》杂志上连载，可见他们之间的交往确实较为密切。

1943年，钱锺书和杨绛还结识了夏志清。夏志清是中国近代著名的文学评论家、教授。他1942年毕业后，常在家闭门读书，除了跟同学交流外并不知道还能与谁畅谈。著名的文艺评论家、翻译家宋淇喜欢在家里开"派对"，知道夏志清需要多结交朋友便把他叫了过去，于是夏志清便认识了钱锺书和杨绛。

那时，杨绛的喜剧《称心如意》正在上海演出，是红极一时的编剧，夏志清不免想与钱锺书、杨绛夫妇交流一番。简单了解以后，夏志清才知道原来钱锺书学问更为深厚，而且是一位有意思的学者。他把钱锺书比作苏东坡《赤壁怀古》中的周公瑾，风流倜傥，雄姿英发。

钱锺书的《围城》出版后，钱锺书的文学作品成了夏志清的研究对象之一。他认为，《围城》是"中国现代文学史中写得最有趣、最细腻的小说，或许是最伟大的小说"。他虽然是文学评论家，但其一生却反对在教育孩子时，给中小学生灌输文学批评和文学史。他主张让孩子如同钱锺书一般，凭借自己的兴趣将公认的中西名著一本本地读下去。等他们长大成人，有了自己的想法与判断后，再来学习文学批评与文学史才更为合适。因为过早接受成人意见，反而会让孩子失去对文学的兴趣。

事实上，小孩子一直有自己的判断。当年钱锺书一本本地阅读各类图书，并非只是简单地读，他还有着自己的想法与看法。只是，那时他太过年少，并没有用笔将那些想法写下来而已。

在杨绛的印象中，陈衡哲是他们夫妇结识的不可多得的一位好朋友。陈衡哲笔名莎菲，是中国最早的女学者、作家、诗人，我国第一位女教授，有"一代才女"之称。她与丈夫任鸿隽于1949年到上海定居，储安平招待了他们夫妇。储安平是单身，家无女主人，钱锺书便请杨绛以"女主人"的身份来招待陈衡哲。

钱、任两家住得也很近，陈衡哲又是女性，所以杨绛和陈衡哲之间来往得便多了些。杨绛去任家做客时，有时会买上刚出笼的鸡肉包子，用毛巾裹上，带给任、陈夫妇吃。任鸿隽对这鸡肉包子很喜欢。

陈哲衡身体纤弱，若有重活，也会请杨绛过去帮忙。杨绛记得，有一次她让杨绛帮的忙是将三个热水瓶从地下搬到桌上。她身体太弱了，双手搬不动并不重的热水瓶。

杨绛与陈哲衡交好，钱锺书便与她的先生任鸿隽交好，后来钱锺书还邀请任鸿隽翻译过《英国文学丛书》。

另一位离钱锺书家很近的朋友是傅雷。傅家住吕班路，钱家住在辣斐德路，两条路互相交叉。

钱锺书和杨绛吃过晚饭后便会去傅雷家做客。

傅雷是中国著名的翻译家、作家、教育家、美术评论家。

傅雷是一个严肃的人，喜欢板着脸，常给人一种威严感。但他见到钱锺书，却喜欢露出笑脸。杨绛说，傅雷从不轻易笑，他之所以对钱锺书例外，大约是因为钱锺书是唯一喜欢当众打趣他的人吧。

陈西禾是作家、编导、翻译家。他也是傅雷家的常客。有一次，钱锺书为某一件事打趣傅雷，陈西禾听完急得一直给钱锺书使眼色，劝他不要再说下去了。钱锺书假装没看见，继续"胡闹"，傅雷不仅没有生气，还跟着大家一起笑。过后，陈西禾仍心有余悸，认为钱锺书这样做太危险了，说不定会得罪朋友。钱锺书却认为，是朋友就应该以真性情相待，不必戴上一层"面具"。

正因为钱锺书的直接、真诚，所以傅雷一家很喜欢钱锺书。有人说傅雷是"孤傲如云间鹤"，可是傅雷却认为自己在钱锺书和杨绛面前，更像是"墙洞里的小老鼠"。

1949年6月，傅雷携家眷去了香港，后来钱锺书和杨绛去了北京，傅雷仍与他们有书信上的往来。傅雷希望杨绛也能从事翻译工作，还多次向朋友推荐杨绛翻译的作品。傅雷为了能让翻译水平更上一层楼，曾多次向钱锺书讨教如何让文笔流畅，如何改掉译笔呆滞的问题。钱锺书建议傅雷多读书，如果读一家不够，就多读几家，如此下去总能提升文学翻译水准。

在剧烈动荡的大环境下，知识分子和普通百姓们一样，都在承受着黎明前的黑暗。与百姓们不一样的是，知识分子还承担着让百姓觉醒，让民众在压迫下感受人生快乐的责任。杨绛用戏剧给大众带来了欢乐，钱锺书则用书籍启发着读者的心灵。

然而，他们的生活也处于压迫之中，也需要通过与朋友交流，缓解现实的压力。有了朋友，也便有了精神上的支柱，让他们有更大的信心一起熬过这段黑暗路程。

朋友是拨开云层的光，朋友也是事业上携手共进的拐杖。少了朋友，少了倾诉对象，人生怕是要活出另一番滋味。

"冷屋"，大概就是没有朋友的滋味吧。

《写在人生边上》和《围城》

生活越是经历磨难，人的思想便越会往高里长，往深里扎。当钱锺书强烈地感受到生活的种种不如意后，这些不好的事情也引发了他深刻的思考。

他透过窗子看外面的世界，突然发现一切都不是正常的。春天的太阳太暖，太黄，太"贱"了。到处都是阳光，那阴沟之处却无论如何也无法照射得到。春天也很懒。风懒，鸟懒，人也懒，生活也便变得慵懒而单薄。

钱锺书一直在讨生活，阳光照不到他，慵懒不能让他填饱肚子，这准确地反映了他当时的心情。他甚至说，春天是镶嵌在窗子里的，好比画配了框子。

此时的钱锺书开始领略人生，也开始写人生了。此前，他虽出版了《写在人生边上》一书，但那些作品多是早期作品的结集。当他开始写《人·兽·鬼》和《围城》，才真是站在"生活"的边上写人生。

1946年对于钱锺书来说是忙碌的一年，同时也是收获的一年。这年2月，《围城》在《文艺复兴》杂志上开始连载，并引起了很大反响。该书受到欢迎后，他又认识了更多的朋友。每次参加完宴会，钱锺书总会把所见所闻，一一探索，逐个剖析琢磨，试图"读通"更多的人和事。

人生太复杂，不仅仅是要读懂书面上的知识，还需要在实践中长出学问。钱锺书发现，科学的进步与工业革命的发展，虽然给人类带来了物质的享受，却并没有给人类带来幸福。这不是物质的错，病根在人性。苏格拉底说知识即道德，培根则认为知识即权力。钱锺书更关心的是，如何让权力在应用时不违道德，这才是古今以来最大的学问。

文明和人性都需要发展，不能故步自封。可令人难过的是，"用"（科学和工业革命）之学问突飞猛进，"体"（人性、道德等）之学问千百年来却仍停留在过去，这不能不让人深思。

这是钱锺书当时的思考所得，他将这样的内容发表在了《观察》杂志上。他希望人们重视文明的发展与人性的问题。

1946年5月，国立中央图书馆由重庆迁回南京，蒋复璁任馆长，并聘请钱锺书担任"总纂"，兼任英文馆刊《书林季刊》主编。9月，钱锺书担任国立暨南大学外文系教授，讲授"欧美名著选读"，每周三课时，另又讲授"文学批评"，每周两课时。

在生活中，钱锺书很受朋友的喜爱，但来到学校，他又遇到了"文人相轻"的问题。国内政局动荡不安，老师们为了生计互相挤对，钱锺书很是看不惯。对于这样的人和事，他从不宽容，也敢于批评，所以人缘依旧不好。

钱锺书性格单纯，文学功底深厚，又是红极一时的作家，学生们很喜欢他，他读过的书学生们通常也会买来拜读。那时，钱锺书有一位拜门弟子常让钱锺书帮他买书，为的就是读一读老师读过的书。钱锺书没有推辞，一直帮这位学生买书，不过他会在书上写上"借痴斋藏书"五个大字，并盖上"借痴斋"的图章。因为在钱锺书看来，学生虽然让他帮忙买书，但却不一定会一一阅读，这些书不过是供他专门借阅的罢了，所以是"借痴"。

许多年后，上海的旧书摊上曾有人买到过"借痴斋"的书，还寄还给了钱锺书。只是，钱锺书只喜欢读书，并不喜欢藏书，对于还书一事表现得比较淡然。

《围城》出版后，钱锺书的"红"也为他带来了另外一个大麻烦。那时，他虽在上海工作，但每个月都要到南京去汇报工作。有一次，他晚上回到家，一进门就对杨绛说，晚宴的时候要和"极峰"（蒋介石）握手，他趁早溜回来了。还有一位朋友许诺给钱锺书一个在联合国的职位，钱锺书听完立即谢绝了。1948年，钱锺书曾随教育部访问团访问台湾，台湾大学聘请他为教授，他也拒绝了。香港大学也曾邀请钱锺书担任文学院院长，他以香港"不是学人久居之地，以不涉足为宜"辞谢了。当然，牛津大学也对钱锺书发出邀请，他仍没答应。

钱锺书舍不得离开大陆。这些年，他经历了太多太多，名利早已看淡。有些门，可以大大方方地走出去，却未必能开开心心地归来。

　　他对外面的世界无甚兴趣，不过透过窗子，他倒是也能探知外面的世界。

　　这就够了。一间小屋，一方小天地，已是他的全部世界。真正的道德，不是一篇篇华美的文章，不是坐而论道，而是名利诱惑在眼前时，能守住他"写"过的道德。

　　这是他心中的"围城"，他在自己的心上竖立了这座高大的墙。

第七章　重返清华，遭遇坎坷

留下来，只因爱国

"国破山河在，城春草木深"，这是杜甫的名句。

抗战期间，钱锺书也曾有此感慨。不过，懂得中华文明的人都知道，只要山河在，人在，这个国家便"破"不了。

许多年后，杨绛在接受访问时，被问及为什么明明有更多的选择却愿意留在国内。杨绛说，她爱自己的国家，所以留了下来。钱锺书也有很多选择，但他也留了下来。他说就算短命死了，也想死在自己的国家，这没有什么特别的理由。

1949年夏天，钱锺书和杨绛接到了清华大学的聘函。于是，他决定带着全家一起定居北京，开始新的生活。

钱锺书和杨绛重返清华大学时，学校的规章制度并没有发生变化，他们夫妻是不能在同一所学校担任教授的。钱锺书被分到了外文系，在担任教授的同时还负责指导研究生。杨绛是兼任教授，按钟点工计算工资，工资不多，为此她称自己为"散工"。

　　在英国读书时，钱锺书是学校的学生，受制于学业、论文，使得他不能随心所欲地读书。他曾一度羡慕杨绛的自由。如今来到清华大学，"散工"杨绛又一次让钱锺书羡慕起来。因为"散工"无须开会，专职教授却总是把时间"浪费"在开会上。

　　此时，钱锺书已不再是有活力的少年，他对年轻人的事不再有过多的批评了。

　　钱锺书在北京的生活很简单，除上课、开会、办公以外，余下的便是读书了。他和杨绛还养起了猫。他们给这只猫取名"花花儿"，对它爱得不得了。钱锺书会给小猫喝牛奶，也会让它钻到他的被窝里。如果半夜小猫跟邻居的猫打架了，他还会钻出被窝为猫出气。

　　邻居家的小猫也很受宠，是全家人"爱的焦点"。杨绛怕他因猫得罪人，劝他"打猫看主妇面"。钱锺书不肯，笑称"理论是不实践的人制定的"。

　　无论在哪所学校，只要有钱锺书在的地方，他就一定会是学校里最受欢迎的老师。在清华大学，钱锺书依旧很受欢迎，学生们无一不佩服他的记忆能力和学识。

　　有一次，一位中文系的学生从图书馆回到宿舍后突然大叫："不得了！不得了！"同宿舍的学生问他发生了什么，他说自己研究唐诗时，为了考证一个典故翻遍图书馆仍未找到答案，正巧碰到钱锺书经过便上前请教。钱锺书听完，让他到某个架子上的某一层去寻找，说一定可以找到该典故的出处。这位同学按照钱锺书的提示去找，果然找到了这本书和典故，不禁大为惊讶。

钱锺书记忆超群是闻名校园的，但是有位学生不服气，竟然要"考验"老师的记诵能力。

这位同学期末时上交了一份读书报告，因为读书时没有进行思考，所以写作的文章只是资料的堆积。他将几十本书的内容东拼西凑，草编成一篇，交到了钱锺书手里。钱锺书读罢，没有给文章立即下评语，而是把学生所引用的原书中的话一一标注了出来，后来，学生们不敢在钱老师面前"肆意妄为"了。

钱锺书也写书评，更喜欢研究唐诗宋词，假如他只是堆积材料，一定无法成为令人敬佩的学者。

读者想要读到的是他对于一本书、一首诗的解读，绝非前人的评论结集。后来他创作的《管锥编》，更是打通了中西、文史哲，给学者们提供了不一样的思路和眼界。

在清华大学时，钱锺书极少发表作品，大多数时候只是静静地读书。当时清华大学所藏的外文图书，几乎每一本都被他读过并且留下了名字。

1952年，清华大学对各院系做出调整，改为工科大学，文科部分并入了北京大学。钱锺书和杨绛是学文学的，被派往新成立的文学研究所工作。当时文学研究所所长是郑振铎，后来他又将钱锺书由外国文学组调到了古典文学组。之所以选钱锺书作为古典文学组的骨干，是因为他相信钱锺书对中国古典文学有着深厚的学养。

在古典文学组工作时，钱锺书产生了选注宋诗的想法。

钱锺书一直喜欢宋诗。宋诗虽然不如唐诗有气势、丰腴，但却情感细腻，有着独特的风骨风韵。在钱锺书眼里，唐诗和宋诗只是两种不同风格的诗，唐朝中有"宋诗"，宋朝里也有"唐诗"。诗不分唐宋，不能按照朝代划分，能划分它们的是创作者。

自1949年之后，钱锺书将大量精力由创作转移到了研究上。其中主要原因是，他在创作完《围城》之后，计划创作《百合心》。无奈，这本书的手稿在由上海迁往北京的途中遗失了。此后，他停止了对旧小说的考订研究，也停止了小说创作。

当钱锺书对宋诗产生了新想法后，朋友郑振铎、何其芳、余冠英、王伯祥等便鼓励他选注宋诗。1955-1957年，钱锺书和朋友开始着手编撰《宋诗选注》，最后由钱锺书一人撰写诗人小传并注诗。

这部书选注了宋代最有代表性的81位诗人，共收录297首诗。钱锺书在品评宋诗时，喜欢将一位诗人放到整个文学史上来评判，并针对其风格的来源和对诗人产生的影响一一做出点评。

1958年，《宋诗选注》出版了。这部著作与《围城》不同，出版后并没有广受好评，反而引来不少争论。有些人认为，不是钱锺书不好，是宋诗选得不好。因为他们收录了太多关于社会的诗，以及那些广为人知的"不必要的诗"。

若是放到以前，钱锺书对于那些批评的言论一定会写文章解释一番，这次他却保持沉默。

后来，钱锺书在《谈艺录》补订本中写道：

世故洞，人生艰窘，拂意失志，当息躁忍事，毋矜气好胜；日久论定，是非自分。其《赠送张叔和》云："我提养生之四印，百战百胜，不如一忍；万言万当，不如一默"；又《和斌老》第二首云："外物攻伐人，钟鼓作声气；待渠弓箭尽，我自味无味。"皆即"口舌难争，坚壁勿战"之旨。

继续笔耕不辍

《宋诗选注》遭遇争论，主要原因是钱锺书没有选用唯物史观来解释诗文。钱锺书不是百分百的唯物主义者，当然也并非百分百的唯心主义者，在他看来，已确定的世界里有太多未知，所以不能简单粗暴地将唯心和唯物划分开来。

如同宋代有气势恢宏的"唐"味儿，唐诗里也有如宋代般婉约的"宋"味儿。一个人在唯物的同时，也可能有着唯心的部分。

杨绛安慰钱锺书说，不管别人如何看，她都懂他，知道他要表达什么。

1960年初，钱锺书与乔冠华、叶君健等人开始重译毛泽东诗词。1963年，翻译小组成员又增加了赵朴初和苏尔·艾德勒两人。

工作之余，钱锺书的创作热情再次升起，又开始着手发表论文。1962年1月，钱锺书在《文学评论》上发表了《通感》一文。这篇文章依旧延续了"打通"中西的宗旨，解释了文学中共有的规律——通感。

在文章中，钱锺书指出，人的视觉、听觉、触觉、嗅觉、味觉可以互通或交通，也可以将它叫作感觉移借。有了这种方法，作家在创作文学作品时，便可以将极为平淡的事物用一个或几个字使人们轻松感知。比如，王维的"山路元无雨，空翠湿人衣"，"翠"是视觉感受，"湿人衣"则是触觉感受，这四个字似乎让读者亲历了"翠"的色泽与"湿"的感受。再如，宋祁的"红杏枝头春意闹"，红杏表达出了鲜亮的色彩，读者有了视觉享受，再加上"闹"字，视觉沟通了听觉，读者如闻其声。

许多诗词，有了钱锺书的解释，文学上许多看似不通的地方都通达了。他的见解之独到，理论之新颖，对文学评论做出了新的贡献。这篇论文仅有几千字，却是不可多得的好文章。美学家朱光潜将这篇文章与《宋诗选注》并提，推荐给了他的学生们，声称这是"不可不读之作"。

毫无疑问，无论是《通感》，还是《宋诗选注》，钱锺书的作品填补了诗词研究上的空白。他是一位学者，一位作家，创作是他逃不掉的宿命。

中国科学院社会科学部文学研究所决定组编《中国文学史》，钱锺书又加入到了"唐宋文学"的编写中。事实上，早些年钱锺书便产生过编写文学史的想法，也曾尝试创作《中国文学小史序论》一书，因为当时人们认为他是最适合写作文学史的学者。尽管编写《中国文学史》不可能按照他的思路和观点来解读，但总算完成了他创作文学史的夙愿。

他在小组内负责统审工作，在研究"唐宋文学"时创作了《宋代文学的承先启后》和《宋代的诗话》两部分。1962年7月，该书由人民文学出版社出版。

这部书也是钱锺书一生中具有代表性的作品，它成了全国高校的文科教材。

随后，钱锺书又陆续发表了《读〈拉奥孔〉》《林纾的翻译》等，后来这些论文收录到了《旧文四篇》和《七缀集》中。

值得一提的是，林纾和钱基博的关系并不要好。有一年，钱基博去北京师范大学执教，林纾从中作梗，使得钱基博失去了这份工作，两人结下一些恩怨。

钱锺书并没有因为父亲与林纾之间的个人恩怨而不去研究他的作品。他甚至读了不少林纾翻译的作品，认为林译小说大有吸引力，有许多书值得重读。公平地讲，林纾不懂外文，翻译的原本也由口译者来选择，因而在翻译时产生不少瑕疵。他将莎士比亚和易卜生的剧本翻译成了小说，还把易卜生的国籍误翻为德国。即使如此，他仍译出了40余种世界名著，成为中国著名的翻译家。

钱锺书也批评了林纾的不足之处，认为他后期的作品"译笔逐渐退步，色彩枯暗，劲头松懈，使读者厌倦"。钱锺书的评价很是公正，其人品与修养受到了大家的肯定。

除了写论文外，钱锺书还翻译了精印本《堂吉诃德》引言和《弗·德·桑克梯斯文论三则》等文章。不过，他虽然翻译水准极高，但因为他学者、作家的名声太高，使得他的翻译之作并不那么知名。

这一时期，钱锺书还参与了《唐诗选》初稿选注、审订的工作。书中共收录了王绩、王勃、杜审言等三十位诗人的作品，于1966年由人民文学出版社出版。

此外，他又参与了《外国理论家、作家论形象思维》西欧古典部分、西欧和美国现代部分的编选翻译工作。此书于1979年，由中国社会科学出版社出版。

阳光和青草的味道

在我们人类大脑的幻想中，生活、事业、家庭、爱情，一切都是在努力之下稳步向上发展的。就算生活不如意，也期望它可以维持平衡。然而，现实却更像脑电波和心电图，是起伏不定的。它有自己的节奏，不受任何人控制。

1966年，他们夫妻辞去了家里的阿姨，过上了白天挤公交车上班，晚上买菜做饭的生活。

这样的生活，钱锺书和杨绛很熟悉，并不认为苦。唯一让他们难过的是，他们有许多书籍、书信和作品，后来不得不偷偷销毁了。

那时，杨绛打扫厕所，钱锺书则是打扫院子。

在那段日子里，钱锺书和杨绛经常手挽手，肩并肩地走在大街上。他们是夫妻，是最亲近的人，在苦日子来临时，他们若不能共进退，那世间还有什么情感是牢不可破的呢？

钱锺书和杨绛相信爱情的力量，它像亲情一样坚不可摧，值得用一生的时间去守护。

1969年11月11日，钱锺书接到通知要去干校了，地点是河南罗山县。杨绛安排留所，暂时无须下乡。

这次离别，他们的心情十分沉重。这并非钱锺书悲观了，而是他曾经许下过诺言，除了生离，他们一家三口再不分开。

现在，钱锺书要食言了。他这才发现，人其实很脆弱，誓言也很脆弱。

火车开走了，钱锺书的心留在了北京，杨绛的心却跟着他飘到了乡下。

罗山是河南省南部老区县，偏僻贫瘠，离城市很远。钱锺书等人到达后，简单收拾了一下屋子，便在此地住下了。

这里耕地少，不久他们又搬到了息县东岳村。

来到东岳村，他们这些人一下子变得忙碌起来。造砖、搬砖、盖房，整日做着力气活。钱锺书年纪大了，在这里他做的是烧水、看菜园等相对轻松的活。

工作虽然简单，但这仍是钱锺书不擅长的。他和另一位老先生、语言学家丁声树烧水，生了火，添了柴，可水就是烧不开。于是，两位老人家被人戏称为"钱半开"和"丁半开"。杨绛听说了这件事后为钱锺书辩解，说风雪中，他们两人想要烧开水并不容易。这里冰天雪地，不少女同志脸上还生了冻疮，便可以想到要烧开水有多难。

下干校前，钱锺书马上就要过六十虚岁的生日了。杨绛原本打算一家人吃碗面为他做寿，不承想他的生日却是在干校度过的。

六十岁的人了，动了大半辈子的笔杆子，那双手自然是不擅长生火劈柴的。人们常说"百无一用是书生"，来到乡下才发现书生确实"无用"。

肩不能挑，手不能提，纵是脑袋里装满了学问，他还是需要动手，需要把眼下的工作做好。

1970年7月20日，杨绛也从北京来到了河南。她在息县见到钱锺书后，看他又黑又瘦的样子大吃一惊。她心爱的、一直捧在手心的丈夫竟然吃了这么多苦。

她来看钱锺书时，他正巧生病休息。这一病，钱锺书不再烧开水了，与吴晓铃一起被分配做看管工具的工作。

吴晓铃也是一位老先生，为了方便管理特意为工具制作了卡片，分别编了号。钱锺书对此不擅长，轮到他管理工具时总是出错，气得吴晓铃总跟他吵架。

日子是无聊的，有时吵架反而让生活多了一些生气。之前杨绛在北京，钱锺书很是想她，常给她写信。现在她也下了干校，每次他休息的时候便去她所在的地方看她。

杨绛年纪也大了，不适合做力气活，被分到了菜园班，学习种菜，看管菜园。后来他们全连搬到学部集中的中心点，离钱锺书更加近了。

那时，钱锺书不再看管工具，做起了通信员的工作，负责收报送信。他每次去收报时，总会经过杨绛所在的菜地，然后两人便在菜园子里聊聊天，晒晒太阳。

青草、阳光、清风，是他们最为诗意的生活。这简单的小幸福，让他们忘记了生活的苦。他们总是彼此安慰，彼此鼓励，相信好日子在后头。

回京人员名单来了，可他们并不在回京的人员名单里。

钱锺书不愤怒也不生气，只是心情有些低落。杨绛心想，或许他们回不去了，便指着窝棚问他："给咱们这样一个窝棚，咱们就住下，行吗？"

钱锺书认真想了一下，说："没有书。"

是啊，生活再苦他都能扛过去，唯独没有书读让他百爪挠心。假如后半辈子再不能读书，他怕是走不过这漫漫人生路了。

书是他的阳光，是他活下去的粮食，他不能没有书。

1971年春，钱锺书和杨绛的宿舍搬到了同一个楼。他们闲来无事的时候，就一起在野外散散步，欣赏着黄昏晚景。

这晚景，恰如他们的人生，还能绽放多少光芒，还能在世上停留多久，一切不得而知，但也只能慢悠悠地等。

等回京的时间，等读书的时间。

农村生活条件艰难，杨绛的眼睛得了病。她请假回北京治疗，把钱锺书一人留在了乡下。杨绛走后不久，钱锺书也病了。他气喘、高烧不退，为他治病的医务人员是一位仅仅懂点医护知识的小姑娘。她大着胆子为钱锺书打点滴，紧张得直到液体输完，结扎在他胳膊上的橡皮带还没有解下来。

他真的是"老弱病残"了，真的老了。

回到北京的杨绛心里记挂着钱锺书，眼疾痊愈后又带着钱瑗来看他，这时他的病情已经好转了。

1972年，钱锺书终于等来了回京的机会。

人这一辈子要走的路并不长，有太多人很可能一生都活在一片山脉中，永远都无法见到外面的世界。所以，我们只能不停地往前走，直到走出整个生命的阴霾区。

千里之行，始于足下，生命之行也需要你有足够的耐力。

你或许无法甩开头顶那片乌云，但请你也不要甩开"坚持"二字。

因为，胜利永远属于不放弃的人。

回到北京

1972年3月，钱锺书回到了北京。他要继续前面未完的翻译工作。

对于翻译，钱锺书认为这是一件极为认真的事，因为不能有丝毫的失误。西方有一句话说，所谓诗，就是翻译之后失去的东西。而钱锺书则认为，译诗要么得罪诗，要么得罪译。两者权衡过后，他主张以诗意的准确为主。

准确，即是要放弃"化"境，放弃押韵，而求意思上的精准。所以他的翻译在水准上，有人认为翻译得不如其他诗成功。不过，事实是无论翻译家怎样慎重，都不能绝对准确地表达出作者的思想。

译者的角度不同，理解不同，遣词造句不同，自然各人有各人的译法和标准。

8月，钱锺书开始整理笔记，准备写作《管锥编》。当他重读诗词，对诗歌的写作也有了更为深刻的看法。他认为，诗歌写心赋物，不该一味写实刻画，或堆砌辞藻，而应当既实又虚。说得更为明白些的话，是说诗要富有意境。微茫不落言筌，活泼空灵，能感知但无法捉摸，这才是诗之美。

在思想内容和艺术形式上，作者的内心思想、感情世界通常是如长江之水般奔流不息的。而诗歌却偏偏是死的。它既要合诗律、格律，又要将感情在条条框框里表达，让内容精练，真是十分不易。

可诗的绝妙之处也在于此。诗受诗律限制，人受现实限制，但是思想家们偏偏能在这些条条框框里活出精神高度，创作出伟大的诗歌。

回到北京后，钱锺书和杨绛暂居在一间办公室里，一住就是三年。其间杨绛也开始整理并翻译《堂吉诃德》，创作了《洗澡》《干校六记》《将饮茶》等作品。

一切都在慢慢走向正轨，他们夫妻渴望的好日子终于到来了。然而变故的出现总是始料未及。

1974年1月18日下午，杨绛煮好粥，等女儿回家吃晚饭的工夫，钱锺书病倒了。他呼吸急促，急得快喘不过气来了。邻居得知后帮着杨绛一起将钱锺书送去医院抢救。

在河南时，钱锺书就病过，这次不知是不是旧病复发，总之他病得很重。杨绛听着钱锺书的呼吸，心里怕得很，担心他呼吸随时会停止。

她心里急，急得左眼球的微血管都渗出了血来。

在医生诊治了将近四个小时之后，钱锺书总算缓了过来。回想起钱锺书病发的那一幕，杨绛十分感谢邻居和一位好心的司机。

那位司机是钱瑗所在学校的校内司机，正巧要送某位教师去北医三院。若不是他车子来得及时，后果不堪设想。

钱锺书被抢救过来之后，在医院里小息片刻便回到了家。

他们一家三口折腾了好几个小时，回到家才发现肚子很饿。被窝里有杨绛去医院前裹好的粥，她见粥还热着，就把粥盛好端上了桌。

一家三口又能平平安安地坐在一起吃饭，这太不容易了。

倘若人生不经历一场"生离死别"，人们便不会珍惜坐在一起吃饭的机会。

越是小事，人们越是容易习以为常。明天、后天、未来，人们总以为还有的是机会。殊不知，人生处处是意外，你不知道什么时间，什么地点，一切就不复存在了。

经历过生死大劫的钱锺书，身体情况并不好。他因呼吸不畅，大脑皮层缺氧，落下了反应失常，状如中风的毛病。直到一年后，他的身体才慢慢恢复正常。

这次大病，不仅让杨绛有了深刻的感悟，钱锺书也变得更加珍惜时间了。之前，他虽写下了《围城》，发表过不少论文、散文等，但他仍认为这些作品不能代表他。他要用余生的时间，做一点真正的学问。

朋友约他相聚，他拒绝；重要活动请他参加，他也拒绝。为了完成《管锥编》，他甚至多次不参加"国宴"的招待会。

为了让《管锥编》更为严谨，出处无误，每次他都认真核对原文。无论中外书籍，新书古书，只要需要查询资料，他就一定会去文学所、外文所、北京大学、图书馆查询核实。不过，他毕竟身体大不如前了，许多情况下是年轻人在帮助他找书核实。

1975年，钱锺书写完了《管锥编》前四册的初稿，共计百万字，此后又陆续修改校订。

钱锺书整日把自己关在家中，人们开始怀疑他是不是去世了。这一年，有人误传钱锺书的死讯，很多地方搞起了悼念钱锺书的活动。

好友夏志清于1976年在宋淇处得知这个消息，还写下了悼文，以此追念钱锺书。后来得知是误传，才解除了误会。

1976年，钱锺书参与翻译的《毛泽东诗词》英译出版。1978年1月，《管锥编》定稿。

《管锥编》是钱锺书甚为得意的作品，他自称该书文体比《谈艺录》更为古奥。他在这部书里，研究了十部中国古典著作，涉及经史子集各门类，内容极为浩瀚，最能代表他在学术上的通达与渊博。书中的每一个问题，他都会引用数十甚至上百个古今中外例证，参考作者的见解评价，使读者一目了然。读者若想研究中国或外国文、史、哲学问，《管锥编》是一部不可不看的工具书。

《管锥编》的书名也是大有出处的，钱锺书并非轻易取就。"管锥"二字出于《韩诗外传》："譬如以管窥天，以锥刺地，所窥者大，所见者小，所刺者巨，所中者少。"他想透过"管之所窥""锥之所指"，来表达古今中外文史哲的天地。

想要通达一门学问，是要靠自己深入去研究的。《管锥编》用文言文以读书笔记的形式写成，它或许可以译为白话文，但作为研究中国文化的学子，想要通达中国文化也不能一直等人将古书全部翻译过后再来研究。无论多艰深的学问，都需要我们亲自去钻研，才能把学问吃透，把学问做扎实。

所以，有难度不怕，怕的是自己那颗懒惰的心。

对于做学问，钱锺书从不偷懒。他还在努力着，继续编写着《管锥编》。只要他胸膛里的那颗心还在跳着，他就要将学问继续下去。

此时《管锥编》已是他的全部，其他的已不再重要了。

第八章　钱氏旋风，势不可挡

为学术再次出国

1978年1月，《管锥编》定稿。1978年9月，是钱锺书三十年来第一次走出国门的日子。

这次出国对于钱锺书来说，有着极为不寻常的意义。

中国社会科学院代表团决定参加欧洲汉学大会，但在选定出国人员时犯了难。中国大多数学者，古文好的未必英文好，英文好的却未必懂得中国文化，而钱锺书却是一个例外。科学院找到钱锺书，他与夏鼐、许涤新等人作为中国学术代表团成员参加了欧洲汉学大会第二十六届会议。

这次会议地点是在意大利奥尔蒂赛，而意大利语也是钱锺书的专长。

钱锺书在会议上做了即兴演讲，题目叫作《古典文学研究在中国》，主要介绍了中国古典文学研究自中华人民共和国成立以来的进程。他在会议上指出，中国古典的文化虽然是过去的东西，但我们的兴趣和研究却是现代的。我们不但要承认它的存在，还要认识到它在我们现代、现实生活中的意义。

在会议上，他也指出了中国学者的问题，那就是他们对外国学者研究中国文学的重要论著了解得不算多。不仅如此，中国文学史浩瀚无比，学者们在诗歌编辑工作上做得也还不够好，新版本不够精致，不够多。此外，历史上许多重要作家的传记仍是空白的，这也要后来的学者们将这些功课补上。

为了活跃气氛，也为了说明人性、智慧是相通的，钱锺书在会议上讲述了两个故事，让人们便于理解"打通"的重要性。这两个故事，一个是中国孔融的故事，另一个是包其奥所写的《诙谐录》中的故事。

孔融是中国古代的神童。他十岁时，去一位官员家做客，主人提出的所有问题孔融都对答如流。孔融的天分令在座的大人们很惊讶，简直不敢相信十岁的孩子竟有这样的见识和智慧。

为了考他，其中一个大人说，人小的时候非常聪明不是一件好事，很多人在小时候很聪明，老了越来越笨。他刚说完，孔融立即问道："那您的意思是，您小的时候是很聪明的喽？"

讲到这里，钱锺书停顿了一下，给在场的观众们一个反应的时间。接下来，他又讲述了《诙谐录》里的一个故事。

《诙谐录》里也有一个十岁的小孩子。他去见教皇时，教皇见他对答如流，十分欣赏，坐在一旁的红衣主教却不这样认为。他说，像这样聪明的孩子，长大了却未必聪明，说不定会变成一个十足的大笨蛋。

小孩子转过头来，十分有智慧地说："那您老人家当年一定是个绝顶聪明的孩子吧！"

在场的观众听完这两个故事哄然大笑。

简单的两个故事，一下子拉近了中西方文化上的距离，同时也表达了人性和智慧的相通之处。在一阵阵掌声和欢笑声中，钱锺书结束了他的演讲。

因为会议在意大利召开，钱锺书也不免来上几句意大利语。他纯正的意大利语发音，令在场的人无不惊叹。

除了语言上令人赞叹外，钱锺书的记忆力也令人难以置信。这次讲座虽然早就定好了题目，但观众提问题的环节却是即兴的。他在回答问题时，旁征博引、随意流畅，犹如演讲一样有典故，有智慧，让听众惊为天人。

这次出国，最让钱锺书高兴的是，他的作品得到了西方世界的认可。法国、捷克斯洛伐克、苏联等国家正在翻译或已翻译了《围城》，为此，他还专门约见了苏联的汉学家艾德林。

其间，他还得知了老友夏志清的消息，并阅读了夏志清创作的《中国现代小说史》。这本书写于20世纪60年代，是一本英文著作。夏志清十分崇敬钱锺书，在书中写了钱锺书作品专章，高度推崇《围城》。

在夏志清的推荐下，世界上掀起了"钱学"热，而这次钱锺书在国际会议上的发言，更是给了人们极为深刻的印象。

意大利之行结束后，世界各地讲学的邀请纷至沓来，钱锺书一一谢绝了。

风光也好，小说畅销也罢，钱锺书都看淡了。这些年，他习惯了在家里安安静静地做学问，不愿意再抛头露面了。他做学问，从不图名图利，不过是为了自己求知。后来，钱锺书越来越红，稿费、酬金等纷至沓来，他却说姓钱的从不迷信钱。至于四处演讲扬名立万，他更是毫无兴趣。

老友夏志清

1979年3月，钱锺书又一次跟随中国社会科学院出访了美国和欧洲。他之所以肯出国访问，是因为这一次杨绛也在受邀之列，另外他很想见一见老友夏志清。

4月13日，钱锺书和杨绛来到巴黎，随后他跟随美方代表团来到了美国。钱锺书先后在哈佛大学、耶鲁大学、哥伦比亚大学、加州大学进行了演讲。4月23日，钱锺书来到哥伦比亚大学，终于见到了阔别多年的老友夏志清。

夏志清是哥伦比亚大学校方委派的招待人员，他身边好友因读过《围城》很想一睹钱锺书的风采，便提议请钱锺书吃饭。钱锺书不喜欢交际，拒绝了这个请求，遂提出在自己的旅馆里请夏志清夫妇吃一顿便饭。

夏志清不好再勉强，就在旅馆里与钱锺书相聚了。

他们从20世纪40年代初谈到了现代，从海外谈到中国，从现代小说谈到古典小说，可谓是无所不谈。

两人谈到《谈艺录》时，钱锺书立即表达了自己的不满。他说，他在书中嘲笑了洋人，这是不应该的。当年他看不起意大利哲学家兼文评家克罗齐，现在把他的书全部通读之后才发现，这位哲学家的见解十分了得。为此，他把19世纪意大利首席文学史家狄桑克惕斯的巨著《意大利文学史》也读了。

一个人想要有所成就，得天独厚的先天优势确实很重要，但钱锺书在读书上精而博，也是别人无法企及的。

钱锺书不仅关注古典文学，对于当下最新出版的欧美文学，他也时时关注着。钱锺书自称读过法国人罗勃·葛利叶、德国人毕尔的小说，也读过人类学家李维-史陀斯、文学评析家巴特的作品。夏志清听完，用"鹏立鸡群"来形容钱锺书，因为鹤太小了，比鸡大不了多少，实在不足以形容这位学识渊博的学者。

其间，他们还提到了那本丢失的《百合心》。这本书的名字语出波德莱尔的"Le coeur d ' artichaut"一词，意指人的心像百合花的鳞茎般，一瓣一瓣地剥掉后会一无所有。这也是一部悲观主义的小说，象征了钱锺书的人生观。他说，自己的处世态度是："long-term pessimism, stort-term optimism."翻译为中文则是"目光放远，万事皆悲；目光放近，则自应乐观，以求振作"。

人应该活在当下，因为未来还未到来，唯有当下你手中撕下的那片花瓣。它或许不够完美，但却承载着你的生命。

《百合心》是钱锺书生命里的一部分。虽然已经写了三万四千字，但它丢了，这件事也就过去了。他没有心思再补写《百合心》，如同对过去的事，纵是缝缝补补，终究无济于事。

在美国的这些天，钱锺书和夏志清见了几次面。夏志清很想让钱锺书去他家中做客，但因为家里女儿太小，常把家里搞得乱糟糟的，实在不好意思请钱锺书前去。不过，钱锺书倒是有意去夏志清家中坐坐，夏志清只好答应了。令他感

觉欣慰的是，女儿表现非常好，后来钱锺书与夏志清写信总
会再三问及他的女儿，期望她能"早日开窍"。

在另外一次的座谈会上，夏志清带着轻松的语调对学生
们说，钱锺书的中西学问自己无法与之相比，但说到美国电
影的知识，那钱锺书则要略逊一筹了。于是，夏志清考钱锺
书，是否知道珍芳达这位电影明星。

钱锺书立刻回答说，这位明星最近应该得了某个奖，是
位左派国际红星。

听完钱锺书的回答，夏志清大为吃惊，没料到这位大学
者还关心电影方面的事。钱锺书的博学引起满堂喝彩，听众
无一不对他佩服至极。

哥伦比亚大学之行结束后，钱锺书又去了加州。许是几
轮演讲让钱锺书身心疲惫，所以他不愿再站在大型会场进行
演讲了。于是，校方为他专门安排了一个小型座谈会。

在这次的小型座谈会上，他们谈到了《围城》，钱锺书
说自己写的是《儒林外史》型的讽刺小说，不算是正统的小
说。该书在发行了第三版后，有出版商想要重印，但他拒绝
了。钱锺书认为，这本书印错的地方太多，不仅需要校对，
还应再改写三分之一才好。

只是当下《围城》太红了，很多地方已出了盗版，他就
是想要停止印刷出版也是很难的了。

座谈会散会后，有一位年轻学者水晶（原名杨沂）不怕钱锺书"厌弃"，抓住机会又问了他几个问题。他想知道为什么《围城》中的每个角色都被冷嘲热讽，唯独唐小姐例外。他想知道，钱锺书与"唐小姐"到底有什么关系。

钱锺书听完，连忙问："难道你的意思是说，唐晓芙是我的dream-girl（梦中情人）吗？"

大家听完，全都笑了，这个话题也便终结了。

《围城》里的人物是否在现实中有原型，钱锺书该说的都说了，后人不断地对号入座，他也没有办法。

次日，钱锺书又去了斯坦福大学分校，在那里举办了小型座谈会，之后便回到了中国。

这次出国，美国媒体对钱锺书大肆渲染，进行报道，他得知后始终是淡然的。他淡泊名利已是众人皆知的事，唯独让他挂心的是他的好朋友们。

他不仅出国会与老友会面，去上海依旧不忘拜访老友们。对于他来说，人老了，朋友去了的越来越多了。他去哪儿，只要有机会，都要询问老友的情况。

友人冒效鲁晚年身体状况极差，患有白内障，疾病缠身。钱锺书知道后心情沉重，不禁写诗《叔子书来自叹病迟暮余亦老形渐具寄慰》感慨起人生的无常：

蕉树徒参五蕴空，相怜岂必病相同。

眼犹安障长看雾，心亦悬旌不待风。

委地落花羡飞絮，栖洲眠鹭梦征鸿。

与君人世推排久，白发无须叹未公。

人世哪有痛苦？五蕴皆空时，一切都不存在了。看不开的是人。落花羡飞絮，眠鹭梦征鸿。钱锺书不羡慕谁，也不渴望有谁记得他，如今身体垂老，更不会感叹些什么了。

只是，他惦记着老友，怕老友执着身心，怕老友此心不能平静。

在日本生了"怨"

钱锺书自上次大病后身体越发地不好了。若非必要，他很少出门。1980年11月，钱锺书应中国社会科学院之邀，跟随使团前往日本访问。

11月10日下午，钱锺书准时出现在京都大学人文研究所的会议厅。再过十天，他就要七十岁了。他态度雍容，丰神俊朗，一点也看不出已是一位古稀老人。

在这次座谈会上，他特别讲了自己的号"槐聚"的意思。"槐聚"取自元好问的"枯槐聚蚁无多地，秋水鸣蛙自一天"。此句出自南柯梦中的槐安国蚁民，意指自己不过是一个小小的百姓。

钱锺书的自谦，让人不禁佩服起他的修养来。说到日本文学，他这些年倒是读了不少，尤其像是小川环树和吉川幸次郎两位国际汉学家主编的《中国文学报》，也是认真拜读过的。当然，只要参加座谈会，就永远离不开《围城》《谈艺录》《百合心》等的问题。钱锺书虽然早已不想再提，但面对新的学子仍是认真地一一做了解答。

他的潇洒、淡然，令在场的人十分敬佩。

这次来到日本，钱锺书游览了东京、京都和名古屋等地。11月20日，又跟随代表团在早稻田大学参加了小型恳谈会。

这次的恳谈会与以往不同，他特意做了专题，题目叫作《诗可以怨》。"诗可以怨"是孔子提出的，即痛苦比快乐更容易产生诗歌。因为人们有了"怨"，所以才会把诗当作是止痛药和安神剂。当一个人贫穷潦倒、愁闷时，"怨"一"怨"，是排遣苦闷的最好方式。这一观点的主体在明清时发生了改变，文学（不仅仅诗，也包含小说、戏剧等）逐渐功利化。人们不但借文学抒情，还希望它能给自己贴上"文学家"的标签，为自己带来功名。

韩愈说"不平则鸣"，这句话等同于司马迁的"发愤之所为作"。不过，钱锺书认为，韩愈的"不平"，不与"牢骚不平"相等，它表达的既有愤郁，也有内心的欢乐。

自先秦以来，古人在文化修养上喜欢讲"性"。"性"的原始状态是平静，"情是平静遭到了骚扰，性'不得其平'而为情"。钱锺书又引用了韩愈的文章接着说："性之于情，犹波之于水，静时是水，动则是波，静时是性，动则是情。"为此，诗人为国家而鸣，为穷身而哀。黄庭坚的诗中说："与世浮沉唯酒可，随人忧乐以诗鸣。"以"忧乐"二字作为"不平"的解释，是十分准确的。

钱锺书在恳谈会上对诗歌的解释，解除了后人对于诗歌的误会。诗歌不是诗人的自怨自艾、伤春悲秋的感怀。它出自"性"，合乎于情。

在文学史上，还有一个有趣的现象，即诗人们都知道诗歌常在痛苦中产生，但却没有任何一位诗人愿意饱尝痛苦的滋味。所以诗人一方面在避免痛苦，另一方面又在渴望创作出美好的诗篇。年轻人作诗"叹老"；达官贵人作诗"嗟穷"；过着舒适幸福日子的诗人"伤春悲秋"。这些不算什么，令人啼笑皆非的是，有的诗人为创作出亲切感人的诗歌，居然编出了"舍弟江南殁，家兄塞北亡"的谎话来。

这位喜欢阿谀奉承的诗人是宋朝的李廷彦。他为了给某位官员献诗，在诗句的对偶上绞尽脑汁，苦思冥想，才编出了家庭惨景。

这位官员读罢诗后，感慨李廷彦的生活遭遇，李廷彦才赶紧跪下来向官员赔罪。原来，"舍弟江南殁"确有其事，但为了对偶工整，他只好让健在的哥哥"塞北亡"了。

这样的诗人，纵使写出惊天地泣鬼神之绝句，但少了情，少了"不平"之气，终究只能成为一个笑话。

钱锺书讲完"只求诗对好，不怕两种丧"的故事后，又讲了关于无病呻吟而作诗词的故事。

一位蜀妓在给情人的《鹊桥仙》中说："说盟说誓，说情说意，动便春愁满纸，多应念得《脱空经》，是哪个先生教底？"这样的词，便是无病呻吟的代表之作。钱锺书解释说："《脱空经》花样繁多，不仅有许多抒情诗文，譬如有些忏悔录、回忆录、游记甚至于国史，也可以归入这个范畴。"

辛弃疾在自己的词中说："少年不识愁滋味，爱上层楼。爱上层楼，为赋新词强说愁。而今识尽愁滋味，欲说还休。欲说还休，却道天凉好个秋。"

唯有真经历，真感受，才会懂得人生中的悲痛，这是很难用言语来表达的，只能"欲说还休"。所以，"不平"里是有欢乐的，否则便很难去"鸣"，去发愤"不平"。

钱锺书针对诗词的演讲引发全场一阵又一阵的掌声。他希望自己的见解能启发人们深思，让人们感受真正的文学，而不要以诗词彰显自己的学识。

他在演讲刚开始时便自谦地说，自己到日本讲学是一个大胆的举动。因为日本对"汉学"十分有研究，他虽是中国学者，但想撬开中国文化这座丰富的宝库，就像一个既不懂号码锁，又没有撬锁工具的穷光蛋，只能盯着保险箱发愣。

他开玩笑地说，是自己的盲目无知给了他偌大的勇气，让他敢于站在台上讲中国诗词。

钱锺书的幽默、随意的讲话，让人们看到了他身为学者的另外一面。这次的讲学时间虽然不长，但内容却十分有深意。

正如"编"出来的诗词不好糊弄读者，一场演讲也需要有新的见解和高度，才能给人们更多的启发。

但愿钱锺书的"用心"，学子们能感受到，也能将这种"用心"投入到自己的人生经历和创作中去。

从日本回国后，钱锺书掩住家门，幽隐了。此时，他因为多次出国演讲，已享誉国际。外面的事，他不管了，不听了，也不看了。不过，他发现拒绝是难的。无论他将自己藏得怎样深，人们都能找到他。

幽隐，不再出山

钱锺书留过洋，生活习惯上也带点"洋气"。他喜欢早上喝一杯印度红茶，也喜欢穿西装打领带，还从不拒绝一切西方的东西。当然，他更喜欢中国的东西，中国文化、中国这片土地，是他深爱的。

20世纪80年代，是钱锺书的时代。

1979年，钱锺书多次踏出国门，成为国际上声名斐然的人物。归国后，他写了《美国学者对中国文学研究的简况》，收入《访美观感》一书中。

这一年，《管锥编》1-4册由中华书局出版。《旧文四篇》也由上海古籍出版社出版。这本书收录了《中国诗和中国画》《读〈拉奥孔〉》《通感》《林纾的翻译》等四篇文章。另外，《宋诗选注》也得到了重印。

1980年，《围城》由人民文学出版社出版。这本书重印后，立即得到了广大读者的喜爱。之前，钱锺书的《围城》基本上在知识分子间流传。如今，他享誉国内外，《围城》一经出版，立刻被普通读者接受，成了地道的畅销书。人们开始以谈论《围城》为荣，若是没拜读过这本书，便算不上是"读书人"。

钱锺书如今大红，算是"大器晚成"。这突如其来的功成名就，是他始料未及的。他成功了，被捧上神坛，理应扬眉吐气、喜不可言，但是他却不喜欢这些嘈杂的声音。

他的生活因为成名被打乱了。杂志社、报社的采访邀约不断，大量的读者信件涌进他的家门。他为此十分苦恼，不知道要怎么办。

钱锺书不善拒绝，这些打扰确实给他带来了不少困惑。他的《管锥编》出版了，本想着手准备增订版，现在却难以进行下去了。

夏志清寄来信件，劝他再去讲学，希望钱锺书在美国的影响力再上一层楼。他还在信中提到了在美国高校的待遇问题，暗示钱锺书可以定居国外。

钱锺书并不理会这件事，夏志清便劝解了四五回，直到钱锺书肯定地说，自己已是七十多岁的老人，不想再去凑热闹了才作罢。

刚回绝了夏志清，普林斯顿大学又找来了。他们一次次邀请，恳切地希望钱锺书能去讲学。见钱锺书还是不肯，又以讲学半年，支付十六万美元的工资待遇来试图打动这位大学者。

另外，普林斯顿大学还承诺，钱锺书可以带着夫人一起去，衣食住行全由学校安排。更让人难以拒绝的优厚条件是，学校还为他安排了极少的课程。两星期一节课，一节课四十分钟。钱锺书讲学半年，总共加起来授课时间还不足十个小时。

身边的朋友都在劝说钱锺书去美国，夏志清又来信劝说，仅仅是去讲学半年，并非移民美国，所以还是答应了吧。

到最后，钱锺书都有点生气了。见钱锺书态度十分强硬，普林斯顿大学这才放弃了邀请。

刚拒绝了一所高校，接着又来了一家英国的出版社。这家出版社愿意出资十万美元购买钱锺书使用过的英文大辞典。

这本大辞典是钱锺书常拿在手边翻阅的，上面写满了笔记和批语。钱锺书不爱钱，不愿意出售自己的辞典，拒绝了这家出版社。

再接着，哥伦比亚大学也给钱锺书发来了讲学的邀请，待遇也是十分优厚。夏志清出面帮助学校劝说，钱锺书只好回信说：自去年去了日本以后，常思量自己已步入老年行列，不想再到处乱走卖弄学问了。自己的身体一天不如一天，只想和家人在一起。古代的人骑马游乐，固然兴致高、见识广，但是常年不回家，也是不对的。李清照曾经说自己已头发灰白，又老又丑，她怕别人看见她憔悴、老态的模样，只好夜里偷偷出去。最后他说："我的心思，你应该能体谅吧。"

话已至此，别人还能再说些什么？

做学问是钱锺书的初衷，他一直走在这条大路上。为了做学问，无论外界给他怎样的诱惑，他都能拒绝。他说，自己唯一戒不掉的是情，是家人，这大概就是他的"不平"之处了吧。

幽隐后的钱锺书，开始了《管锥编》增订版的编写。他在治学方面的严谨与勤奋，近乎到了如痴如醉的地步。人们都说他记忆力好，学问好，可他自己却说，不过是自己更为用心罢了。杨绛也认为，钱锺书没有传说中的那么"神"。他只是好读书，肯下功夫，不仅读，还读三四遍。另外，他边读边做笔记，做一遍不算，重读时又会不断地添补笔记。所以，这才是他读书虽多却能轻易记住的原因。

1977年，钱锺书和杨绛迁到了三里河南沙沟的宿舍居住。这就是杨绛笔下的三里河的家。

1980年，钱锺书决定幽隐于此，家成了他的"山林"之地。

这个家并不大，四室一厅，家中陈设十分简朴。没有豪华装饰，没有摆设高档家具，没有铺设地毯。大门左边有一间约二十平方米的房间，这里是钱锺书和杨绛的书房，也是他们的会客厅。每天，钱锺书都会坐在书桌前伏案写作、读书，有时也会坐在沙发上，与杨绛聊聊天。

　　这样的生活看似简单，但却并不乏味。因为钱锺书有对学问的追求，有未完成的作品，以及他要陪伴的家人。

　　这才是他的全部世界。至于门外的世界，让他们去评论吧，去繁华吧，去热闹吧。

　　人没有必要活在别人的世界里，能活在自己的世界里，才是一种更考验功夫的能力。这样的功夫，杨绛有，钱锺书则更为擅长。

　　他们赢了。

第九章　终于过上了"我们仨"的生活

只愿守着她和书

晚年，钱锺书把自己关进了"围城"中，与他的作品呼应了。在外人看来，他与门外的世界隔着一座高墙，但对于钱锺书而言，高墙内的世界是没有边界的，它大过整个宇宙。

在自己的世界里，他快乐得像个婴儿。为了锻炼身体，起初他和杨绛还会下楼走走，但想见他一面的人太多太多，慕名者多半也会潜伏在小区内。钱锺书遇上了他们，总是免不了与他们寒暄几句，让他感觉浪费了太多时间。

为了珍惜做学问的时间，他不再下楼，改在屋子里走动了。

钱锺书之前住在文学研究所的办公室里，那时借书、查书较为容易，同事也会尽力提供帮助。自他搬到了三里河，有时想查一句话，就需要有人帮他把大批的书搬到家里，或让他们代为核对。所以，《管锥编》增订版写得很慢，不像以前那样快了。

1981年4月6日，《明报》记者彦火（潘耀明）对钱锺书进行了采访。在采访中，他十分关心《管锥编》的续写，想知道这部书什么时候可以写完。

关于这个问题，钱锺书也很头疼。他说，有许多事老年人都是无法估计的。一个人到了五十岁以后，对许多事开始慢慢无能为力，比如健康这件事，就不受自己控制。从某种意义上说，一个人的事业往往与心愿有一大段距离，大如治理一个国家，小如创作一部作品，每个人都受客观因素影响，不能如愿。

就作家而言，作家有很多计划，想把一部作品写好，但却总是写不出预期的理想作品。这好像一个人想要造一所房子，便有"造屋千间，总欠一间"的讲法。总之，理想、计划，总跟自己所能做到的有些差距。作为一个老人，就更无须说了。小到一张凳子、一扇门、一层楼，都会跟你为难，跟你较量，为你制造障碍。这还不是最难过的，令人最难过的是头脑越来越差，它随时会怠工、罢工，所以他的写作计划只好是能做多少便做多少。

当钱锺书被问到是否需要找个助手帮忙时，他更为难了。毕竟这部书牵扯的语言种类较多，助手未必有这样的学识，所以查对引文等工作，他必须亲力亲为。自钱锺书大火以后，读者、朋友、文化界、学术界等都会寄来信件，仅读信、回信这件事，助手便无法帮忙，更遑论帮助他编写《管锥编》了。

他说，老年人更容易以自我为中心，对助手往往不一定会当成"手"，很可能会当成"腿"，这对年轻人来说是一种"奴役"。他不想享受这种特权，所以还是亲力亲为的好。

人们常称赞钱锺书的作品质量高，文采好，耐看。钱锺书却认为，写文章好比追女孩，假如一个女孩容易得手，一个很难得手，那么你会追求哪个呢？

记者彦火认为，追容易得手的女孩好，假如难得手的女孩最终也无法追上，那不是竹篮打水一场空吗？

钱锺书不同意这个看法，他说，就算你只能追到容易得手的女孩子，但最终还是瞧不起她。这是普通人的心理，他们一般不会满足于轻易得到的，反而更喜欢从难处着手。

假如难追得上的女孩最终都能追上，那么无论钱锺书如何"幽隐"，他终究会被人们推到台前。

1981年，钱锺书与张隆溪（世界级华裔学术大师）进行了一场对话，发表了对比较文学的看法。

1982年，《管锥编增订》出版。同年，钱锺书被任命为中国社会科学院副院长。

钱锺书之所以愿意担任这一职务，主要与《管锥编》的文化形象有关。他代表着中国社会科学院的国际学术形象，主要负责文化礼仪类工作，并非行政方面。

中国社会科学院体谅钱锺书"幽隐"的心，所以极少让他参与过多行政工作。不过，1983年11月，钱锺书还是主持了中美比较文学双边讨论会，并致开幕词。1986年10月，他再次出山，主持了"鲁迅和中外文化"国际学术讨论会，并致开幕词。

1986年4月，钱锺书在寓所里接受了中新社香港分社记者的访问。在这次访问中，钱锺书发表了对诺贝尔文学奖的看法。他认为，一个作家应该有自信和信念，不该对一个奖项太过看重。这样的态度，表达了钱锺书对于名利的淡然，以及对于自己学问的自信。他不需要一个奖项来证明自己，不过国外也有人指出，钱锺书担得起这个奖项。

事实上，追求任何奖项，都不过是追求踏上舞台时的风光罢了。当一个奖项被全世界承认，它便成了作家们追求的目标，然而，这个目标与学问本身未必是等同的。

钱锺书并不否认奖项设置的必要性，否认的是对待学问和自己浮华的态度。

钱锺书完成《管锥编》后，最大的心愿是完成《感觉·观念·思想》这部作品。另外，他还想续辑《管锥编》，正所谓"续吐胸中未尽之奇"。这两部书内容浩繁，

难以短时间内完成，时间成了钱锺书最为担心的东西。因为
他老了。他想好好活着，最好活得更久一点，让作品在自己
的手中生根发芽。

1984年，《谈艺录》由中华书局出版，同年，又出版
了《谈艺录》补订本，补订本以《谈艺录》的内容为上编，
新增的内容为下编。之后《也是集》由香港广角镜出版社出
版。这部书上半部收录了1979年发表的三篇论文：《诗可
以怨》《汉译第一首英语诗〈人生颂〉及有关二三事》《一
节历史掌故、一个宗教寓言、一篇小说》。下半部收录了从
《谈艺录》补订本摘选的文章。

1985年，《七缀集》也由上海古籍出版社出版了。这本
书包括了《旧文四篇》和《也是集》上半部的三篇文章，总
共为七篇文章。

钱锺书的作品一部又一部出版，让人们发现，他比人们
想象的更为博学。为了读懂钱锺书，学术界兴起了"钱学"
研究。1980年6月，周锦的《〈围城〉研究》由台湾成文出版
社出版。1982年，胡志德的著作《钱锺书传》被收入了"特
怀恩世界文学家评传丛书"，名列第660种。特怀恩出版社是
世界享有盛名的传文出版社，《钱锺书传》能入选，可见对
钱锺书的认可。

1984年，厦门大学中文系教授郑朝宗带领四位研究生
一起写成了《〈管锥编〉研究论文集》，由福建人民出版社

出版。

　　由此，关于"钱学"的文章、专著、论文层出不穷，研究"钱学"成了一种风潮。

　　钱锺书、钱学、钱氏、《围城》、《管锥编》、《谈艺录》……一个又一个声音传到了钱锺书耳朵里。他想拒绝，拒绝不掉。他想把自己锁在门内，却发现再也不能了。

　　那些声音势不可挡，淹没了他那个小小的家。他只是想清静，想守着爱妻和书过日子啊，怎么就这么难呢？

　　读者、学者、文化界，都在期待他的新作品出版，可这些声音的干扰，不断的邀约、采访等，又怎能让他安心地搞学问呢？所以钱锺书和杨绛不得不感慨做个普通人的好处。

　　钱瑗一直默默无闻，虽然是一位名师，但到底不如父母有名。父母欣慰她无名，不受名声的干扰，可以安安静静地过日子。钱锺书和杨绛常说，人这一辈子，但愿多一二位知己，不要众多不相知的人闻名。人活一世，留一个空名，被不相干的人、不相知的人信口品评，说长道短，这有何意义？

　　人们通常只看到了成名带来的好处，却无法得知成名带来的坏处。

　　这个坏处，钱锺书夫妇尝到了。

　　"围城"里的人，通常渴望走出城门，去看外面的世界。而钱锺书却希望这个世界真有一座大大的"围城",并挡住外面的人和外界的声音,还他一份安静和安稳。

每个人都有对自己生活、事业的期望。这份期望,也是"围城",我们身在"围城"的这一边,理想却在看不见的"围城"的另一边。

是"期望"本身困住了自己。了解它,才能打破这座城墙,才有机会还自己真正的安稳与自由。

她成了"守门人"

自钱锺书大红后,他尽量地守门不出,不见未预约的朋友和记者。他虽足不出户,但并不代表他不关心外面发生的事情。他订阅了许多中、外文报刊,每天了解国内外的信息。

有一次,他竟在报纸上读到了自己有三个老婆的绯闻,真是哭笑不得。此外还有学术或政治的开会通知,请教问题的信件,某研究者的文章想请他审阅的信息,以及慕名想要拜访他的人的打扰,都令他深感头痛。

找上门的人越来越多，每次他开门一定无法拒绝。为了避免打扰，杨绛成了钱锺书的"守门人"。有位享誉国际的美籍华人记者功夫了得。在这个世界上，几乎没有他采访不到的人。他以为，想见钱锺书不成问题，便带着录音设备来到了钱锺书的家门前。

结果出乎意料的是，他未能通过杨绛这道防线。

不相知、不相熟的人的贸然造访，当然是一种叨扰。钱锺书不是不近情理的人，对于老朋友他还是很挂怀的。另外，他也并非不愿意结交朋友，而是更喜欢与真诚、无势利之心的人交朋友。

他现在名声太大了，许多慕名而来的人一想便知抱着怎样的目的，这些人他为何要见呢？

他也常给老友写信，关心他们。像巴金、柯灵、王辛笛等朋友，钱锺书都挂在心上，经常嘘寒问暖。他对李健吾、曹禺、柯灵等人的子女的工作、生活，也很上心，希望自己能为他们提供一些帮助。

钱锺书和杨绛也很关心外文所里的工作人员、司机、送报送信的邮递员、工人等，他们夫妻二人经常给他们赠送书籍。

钱锺书不以大学者、大学问家的身份自居。他尊重一切真诚做学问的人，哪怕他的学问还不够高明。相反，假如

一个人学术、学识了得，为人却不敢恭维，那他也一定毫不
客气。

他不会与不三不四之闲人，讲些不痛不快之废话，花
费不明不白之冤枉钱。当然，他认为不该得的奖项也不会
领取。

1984年，法国政府以"对中法文化交流的贡献"为由，
拟授予钱锺书勋章。他以"自忖并无这方面贡献，不敢冒
牌"为由，拒绝了。美国好莱坞片商想要买下《围城》的电
影版权，他也拒绝了。

他不想再给自己找更多"无用"的事做，哪怕只挂空
名，也甚觉麻烦。

1985年冬，中国新闻社香港分社记者林湄从香港到北
京，采访了不少文坛巨匠，但始终对未能采访到钱锺书而深
感遗憾。为了完成这个凤愿，她找到了《文艺报》的副主编
吴泰昌，希望他能把自己引荐给钱锺书。

吴泰昌打电话到钱锺书的寓所，被他拒绝了。他说：
"这分明是引蛇出洞嘛！谢谢她的好意，这次免了。"

林湄不甘心，非要见到钱锺书不可，便与吴泰昌商量
想要采取突然袭击的办法。待他们来到寓所，按响门铃时，
开门的人正巧是钱锺书。两人一见面哈哈大笑，钱锺书只好
说："泰昌，你没有能引蛇出洞，却又来瓮中捉鳖了……"

钱锺书见到还有陌生人便没有说下去，很客气地招待他们就座了。

林湄抓住机会，把自己带在身边的《围城》拿出来，想就着这个话题谈论下去。钱锺书看到香港版的《围城》时说，这很可能是盗印本，目前内地很难买得到了。林湄希望钱锺书能解释一下书里某些句子的含义，他却笑着说，原来是要他口试答辩了。

钱锺书幽默、和蔼可亲，完全不像传说中那般冷傲。这样平实的钱锺书，一下子改变了林湄印象中钱锺书的形象。

采访完毕后，钱锺书希望能看到"速写"的原稿。后来，他对原稿进行了修改，做了"回忆增补"本，给这篇文章报道增添了不少"实质"的内容。因为钱锺书在他们一进门时提到了"瓮中捉鳖"这一成语，林湄给文章取名为《"瓮中捉鳖"记——速写钱锺书》。

人生或许有人能帮你"守门"，但却未必能分分秒秒地帮你"守门"，一切事最终还是要亲力亲为，这当然就免不了被现实"瓮中捉鳖"。

钱锺书认为，人既然活着，就要本能地活得更好，更有意义。他不是悲观的人，他是懂得悲观的人，也可以说他是对生活有所感受，能够对现实产生怀疑的人。毕竟，有太多人混混沌沌、嘻嘻哈哈地过了一生，永远无法意识到人生还有可悲的一面呢。

所以，对于"瓮中捉鳖"，他并不会觉得头痛和难过。

对于现实也是，当你束手无策、无能为力时，接受它、享受它，才是最好的态度。钱锺书就是这样做的。

倘若钱锺书在年轻时能获得这样的盛名，他为了学问想必也会奔波于世界各地。但是，这一切来得太晚了。他不能随心所欲地支配自己的身体，甚至大脑。

高血压让他大为苦恼。那时，高血压没有特效药，患者只能默默承受它带来的痛苦。好在他身边除了杨绛，还有一位知书达理的女儿。

钱锺书的病复发时，钱瑗便坚持照顾他。

这一家人，没有任何拘束，不分大小，可以随意取笑对方，甚至没有固定的称呼。杨绛说，我们仨啊，却不止三个人，每个人摇身一变，就能变成好几个人。

钱瑗小的时候，她就说自己长大了，会照顾妈妈；会像姐姐，陪着妈妈；会像妹妹，管着妈妈；会像妈妈，疼爱妈妈这个"女儿"。

她还说，我和爸爸最哥们儿，我们是妈妈的两个顽童，爸爸还不配做我的哥哥呢，他只配做弟弟。

钱锺书听完高兴得很，这个女儿跟他很像啊，他们一样地顽皮、淘气。

有一年，杨绛出国访问，钱锺书和钱瑗见她不在家，连床都不铺了。见杨绛回家的日子要到了，赶紧整理了乱糟糟的家。杨绛回家后，阿瑗轻声嘀咕说："狗窠真舒服。"

看来，杨绛这位"妈妈"，管他们太严格了。

他们一家人都是大学者，有时他们谈一个问题，杨绛还正思考，钱瑗已心领神会了，便会对她说："妈妈有点笨哦。"杨绛听完一笑，只好自认确实是最笨的一个。

别看钱锺书跟女儿总是统一战线，有时杨绛也会和女儿一起来对付钱锺书。

钱锺书对色彩不敏感，只认得红、绿、黑、白四种颜色。她们母女偏要拿四种以外的颜色来让钱锺书辨认，钱锺书不认得，她们便会笑他是色盲，钱锺书吃瘪，也只好承认自己笨拙。

当然，他们夫妇也会欺负女儿。钱瑗做事认真、踏实，对做学问更是一丝不苟。他们见女儿总是如此"较真"，就说她是学究，是笨蛋，是傻瓜。

有这样一个温馨、温暖的家，钱锺书又怎么会喜欢外面的世界？

他太想守着这个家了。对她们母女，他真是一辈子也爱不够。

这也正如钱锺书对于理想的阐释。因为他要忙外面的事，所以才更显得家的珍贵。倘若他果真实现了理想，谁知道家是否会变成"残酷的对照"呢?

对于普通人来说或许会,但对于他们一家人来说却不会。

因为他们早就看透了人性,知道了人性的弱点。

家,不仅是可以依靠的港湾,更是用心去爱,去付出,却不要任何回报的地方,否则它便不能称为家。

对于家,他们仨都是"守门人"。

不必认识下蛋的鸡

俗话说,无欲则刚。当一个人对外界的名利没了欲望,人也便"刚"了。相反,但凡你对某件事、某个人有所求,就一定会弯下腰来。比如,钱锺书喜欢读书,喜欢做学问,在书和学问里累弯了腰。

极少有人能做到完全无欲,大学问家也不例外。

对于他们来说,外界的人们更是带着"欲"的。有一位外国女士打电话到钱锺书的寓所,想要见一下他。钱锺书听完,在电话里说:"假如你吃了一个鸡蛋觉得不错,又何必要认识那只下蛋的母鸡呢?"

钱锺书和杨绛两位先生视读书为串门。每读一本书，就如遇见一位作者，便与他进行深度的交流。通过书和文字，宛如认识了作者，所以他们从不以见过谁、认识谁为傲，也不会因为读到了一本好书而想要见到谁。

《管锥编》出版后，友人阅罢这部巨著，不禁感叹钱锺书在学术上始终不走弯路，终于走出了一条属于他自己的康庄大道。钱锺书一生体弱多病，几十年来危境重重，但他从未露出过惊恐的神态，可知他对生死一关早已看透。

钱锺书在《管锥编》的自序中说："学焉未能，老之已至""假吾岁月，尚欲赓扬"。他对学问仍孜孜不倦地追求着，永无停止的一天。

一个人想要往前走，必然不会为谁而停留。仅中国文化已经是博大精深，更何况还有世界文化，所以吃鸡蛋吸收营养最重要，无须去见母鸡。

钱锺书不仅不会为谁而停留，也不为书而停留。他这一生读书虽多，藏书却不多。他有了书就赶紧读，读了做些笔记，家中留存最多的是笔记。不过即使他不断地把手头的书送人，家里还是堆积了太多书，让他颇为头疼。

改革开放初期，钱瑗访问英国归来后，向父母介绍了电脑的使用方法。英国人将莎士比亚的著作输入电脑，并提供查阅的功能，这样读者就不必为查找某本书，或家中书太多而发愁了。

钱锺书不喜欢这种查阅方式，家里一直没配备电脑。然而，他深知电脑的作用和发展前途，大力支持并倡导电脑的发展。

每次他去中国社会科学院开会，一定要抽时间去了解下电脑是如何工作和运转的。为了发展电脑事业，使它能为中国文学研究服务，他培养了一批年轻骨干。

钱锺书关心电脑的输入问题，建议他们以不寻常的方法整合《全唐诗》并输入电脑，进而实现查阅、调动全诗的功能。他的意见具体，有远见，让编程人员大为吃惊。在经济上，钱锺书也给予了支持，多次将稿费投入到电脑的使用中。

作为一名学者，钱锺书的生活不算富足。他的稿费有些投入了文化事业，有些小稿拒收了稿酬，生活上十分拮据，只是从不向人说道。

1992年6月初，吴泰昌去钱家做客，钱锺书拿出了1990年由中国社会科学院出版社出版的散文集《写在人生边上》相赠。签完名后，他特意盖了一枚刻有"钱锺书"字样的方章，还教吴泰昌如何欣赏刻章。

数年后吴泰昌才得知，原来这枚图章大有来头。它是上海书画家、篆刻家钱君匋篆刻的。为钱锺书代求刻章的是一位叫作陈诏的编辑。

陈诏编辑多次向钱锺书约稿，希望他能发表两首旧体诗，但被他拒绝了。陈诏不甘心，又求稿数次后，终于感动了钱锺书，他用毛笔写了一首七言诗，题为《陈百庸属题出峡诗画册》。这篇旧体诗，附了编辑写的一篇导读性的短文，一起发表在了1990年5月8日《解放日报》的《朝花》副刊上。

诗作发表后，报社自然要奉上稿酬，谁知钱锺书在信中说："万弗寄酬，跋涉赴邮局，拙诗不值得也。"

陈诏想，钱锺书已高龄，去一次邮局确实太费周章，便想着是否可以送他一件实用的小东西。然后他发现，钱锺书的书法诗稿上盖的印章，颜色暗淡，四周泛出油痕，应是劣质印泥所致，便想赠送先生一盒好的印泥作为酬谢。

陈诏刚生起这个念头，钱锺书立刻回信说："……稿费万不敢领。印泥敝处已有四盒，更请勿费心费事。戋戋之数，即以充贵社福利基金之尾数，何如？此纸可充弟收据之用也。"

不久，钱锺书在一封信中再次提到了此事，说："……尊函印章用泥已干，有来函谓敝印泥不佳，舍己耘人，益佩雅量。"

陈诏认为，不付稿酬，于心不安。既然钱锺书不想要印泥，那便改送一枚印章吧。他花了五十元钱，买了一方冻石，想来想去找到了钱君匋先生。

钱锺书不喜欢钱，钱君匋也是不迷信钱的人。这两位有"钱"人，极有性格。想得钱君匋一枚方章，不比得钱锺书一篇稿子容易。但是，当钱君匋听说是为钱锺书刻章后，立刻答应下来，陈诏却不敢吐一个"钱"字。

因为他知道，这位钱先生也是不要报酬的。

陈诏编辑上门送印章时，钱锺书正在做电疗。提到钱君匋，钱锺书说："抗战期间，我在重庆看见过君匋先生，很多年了，你回去见到他，代我问候，代我致谢！"

真正的知己，无须相见，仅一篇文章，一枚图章，已彼此懂得。

晚年的钱锺书生活十分有规律。他说，十点后可以听音乐，翻闲书，但不能看小说，尤其侦探小说。有一次，杨绛晚上读韦君宜的书，因为书里涉及清华大学的熟人，直到半夜两点多仍不肯去睡。

人老了，一旦病了，病就难治好了。写东西，要慢慢来，无须拼命。一年写不完，两三年也行。杨绛也说，创作短篇可以赶稿子，但写长篇便要细水长流。

写作要从容，要养成随时动手写，随时又能放下的习惯。

虽然钱锺书夫妇已经很少见人了，但每天依旧有不少朋友前来拜访。杨绛总是优雅，不急不缓地招待好友们。钱锺书则为朋友泡茶倒水，闲聊畅谈。

不得不说，钱锺书写出了鸿篇巨制，也成了人人渴望见到的"母鸡"。他们或求书，或求字，或想要了解他的一生。

每次新书出版，出版社赠送的样书总是有限，为此他又托人从销售处购买回来，然后再赠送他人。他这双温暖的大手温暖了朋友、学子，以及福利社和文学协会，同时也温暖了家里。但他唯独没有温暖自己。

他是付出型的人，在一片广阔的天地里自得其乐地耕耘，而他种下的"粮食"，也在造福着后人。

他确实是下蛋的"母鸡"，一部部作品，全是他生产的"鸡蛋"。而这些"鸡蛋们"，又各自生出了更多的"鸡"，更多的"蛋"。

几百年后，或许有人会在读完钱锺书的作品后发出感慨，假如跟他生在同一时代该多好啊。如此也能拜访他，与他来一场灵魂的对话了。

其实捧起书的那一刻，他们已经对话了，不是吗？

热闹的钱学，劳心的钱氏

自20世纪80年代钱锺书出国演讲以后，学术界发表并出版了许多研究钱锺书的作品。

令人难过的是，自钱锺书大火后，市面上出版了大量盗版书，尤其是香港。钱锺书远在内地，书商以为他们出版了盗版书钱锺书也无法知道，即使知道了这件事，也不会亲自到香港处理这些书籍，所以他们大印特印，大笔捞钱。

事实上，盗版书商料得不错。当钱锺书收到朋友寄给他的盗版书时，他总认为："一以旧作无可存者，二亦慈悲为怀，让书商博取蝇头微利也。"

见钱锺书不关心盗版的事，于是有人更大胆起来。这个人将钱锺书的短篇小说《纪念》，改名为《绮丽的回廊》，发表在了香港的一家杂志上。小说一经发表，立即引起了广泛关注，不过很快被读者指认为抄袭，这事才就此作罢。

有人把这件事告诉了钱锺书，他听完大笑，认为是一件很有趣的事。

钱锺书大红后，导演黄蜀芹便立下志愿，要将《围城》搬上荧幕，介绍给更多的人。1986年，她着手改编电视剧剧本《围城》。1990年12月，《围城》电视剧开始播映。

低调的钱锺书最开始并不想改编《围城》，他认为这部作品并不适合搬上荧幕。只是，他看到有不少人愿意在这部作品上下功夫，就不再阻止了。后来，他在给一位改编者的回信中说："看来剧作家要编戏，正像'天要落雨，娘要嫁人'，也是没有法儿阻止的。中央电视台有一位同志曾写信要求改编《围城》，我不支持，但不阻拦，我很惭愧，也很荣幸。"

1989年3月，黄蜀芹导演拜访了钱锺书的好友作家柯灵，希望他能针对《围城》提些意见和建议。柯灵建议她找杨绛，因为杨绛是著名的大编剧。

杨绛接到这个"任务"，与他们畅谈了钱锺书创作《围城》的经过。

导演黄蜀芹谈到了拍摄的困难，书中妙趣横生的幽默比喻，很难用影视的形象来展现。既要保持小说原貌，又不能违反电视的特点，因此她想通过延伸人物对话，将这些比喻镶嵌进去，其他无法融入的部分，便用旁白的形式读出来。

钱锺书听完黄蜀芹导演的想法后，说媒介物即是内容，要肯定作品。用电视、戏剧来广播，媒介物变了，意义也会发生变化。好比画要改编成诗，一定要把画改变，这是无法避免的事。

黄蜀芹导演把想要普及《围城》的志愿告诉了钱锺书，

他却认为，天下事是矛盾的，不普及即是名贵。什么是"时髦"，就是不普及。一旦普及了，便不再"时髦"，这和人生、"围城"的意义是相通的。

有了黄蜀芹导演的决心和杨绛的指导，《围城》播出后，反响极为强烈，成了轰动一时的经典作品。

《围城》电视剧成功后，《围城》的图书也有了重新出版的计划。只是，不等重版出来，盗版书却在市面上流行起来。

一开始，钱锺书仍不在意，认为商人也需要赚钱。但是当他看到盗印本将他的作品改得面目全非后，气得不成样子。他再不能坐视不理，视而不见，便郑重其事地登报发表了声明。

不料，不发声明还好，一发声明盗印版本更多了。不仅如此，"《围城》续写本""《围城》改写本"层出不穷，惹得钱锺书大为光火。

事实上，"钱学"的规模在20世纪80年代已经逐渐庞大了。"钱学"升温后，他并没有极力阻止。毕竟，他的心思从不在旧作上，而是在新作上。

对于晚辈，他亲切随意，从不以学者自居。杨绛说："钱锺书绝对不敢以大师自居，他从不跻身大师之列。他不开宗立派，不传授弟子。他绝不号召对他作品进行研究，也不喜旁人为他号召，严肃认真的研究是不用号召的。"

人有探索的精神，本身值得表扬，他虽不号召但也从不拒绝。但是，若有人篡改他的作品，他绝不含糊通融。

最终，他拿起了法律的武器，终止了这场风波。

钱锺书晚年对后辈极为关心，除呵护外，也常常提携和奖励年轻人。他常自叹"老年秉烛愈明，著书愈不易"，所以把学术传承的期待倾注到了后辈身上。他对后辈们的忠告是："年事方壮，如日中天，不朽事业，有厚望焉。"

钱锺书晚年有哮喘、失眠等多种疾病，他需要吃安神类的药物才能入睡。他晚上休息不好，白天自然没有精力应酬，后来应酬之事也多落到了杨绛身上。

1990年11月21日，是钱锺书八十岁的寿辰。他不喜欢做寿，一切像往常一样。唯一不同的是，杨绛这天会为他煮一碗面，为他暖一暖寿。

1991年，钱锺书做过一次手术，术后恢复得不错。吴泰昌去看他的时候，他们聊到了健康问题。钱锺书说，为写一本书赔一上条命不值得。身体好，想要写的书早晚能写出来。不得不说，这是钱锺书的经验之谈。这些年，他为了写书、读书，付出太多精力，身体确实保养得不算好。

有一次，友人到钱锺书家里去，看到了一横一竖、一大一小的两张书桌，便问杨绛，为何书桌有大有小呢？

杨绛调皮地说，他名气大，当然要用大的。我名气小，只好用小的。钱锺书听完表示抗议："这样说好像我在搞大男子主义，是因为我的东西多嘛！"

杨绛只好解释说，确实他的东西太多了。来往信件、信札、文稿，堆了一书桌。钱锺书每天还要回数封信，不过大多是叩头道歉、谢绝来访的回信。

为了让爸爸妈妈锻炼身体，1989年，钱瑗从英国带回来一辆脚踏健身车，希望他们每日各踩十五分钟。

那时，为了身体健康，钱锺书和杨绛已开始了下楼散步的活动。可"保养"到最后，钱锺书还是病倒了。

没人能逃离生老病死。钱锺书对生死看得很淡，但病却日夜折磨着他，他无法看得开。

他只能把一切都放下来，让它们顺其自然，还自己身心一片宁静。

这一次，纵是外面发生天大的事，他都必须要放下了。

我们经常说，人生是一场修行。事实上，很多人从未修行过。许多事，我们只有到了"不得不"的时候，才将此放下，然后无奈地说上一句，人生不过是一场修行。

那"不得不"不是修行，是对现实和自己的无能为力。

真正的修行，恰恰是逆流而上，是在自己能够做出选择时，选择了一条修行之路。钱锺书在遭遇种种磨难时，他便选择了坚持走自己的"康庄大道"。

　　这是一种修行，是一种修养，非常人能比。但是，在疾病面前，他倒下了。

　　还好他看得开，他又一次选择了"逆流而上"。

第十章　再见，是以后再相见

旧疾再犯

人老了，身上的器官也渐渐地失灵了。杨绛把这种人比作"红木家具"，特指他们的身体看着结实，其实像是用胶水粘的，不能搬动，已经不起折腾了。

晚年时，钱锺书有一次跟友人聊天，无意中说："年岁大了，我和季康相依为命。"他身体差，杨绛身体也差，但比他好。确切地说，他更依赖杨绛。

假如时光能够静止，他们便能成为好看的"红木家具"，长久地活在这世上。只是，现实偏偏是乐于搬动"红木家具"的"人"，非让你"散架"不可。

1993年春天，钱锺书突然下半身疼痛，杨绛马上叫人帮忙送他去了医院。医生诊断的结果是，他左肾功能已坏，需要动手术。

离上次手术不过两年的时间，如今又要做手术了。以当时的医疗条件，做肾脏手术是个大手术，风险远远大于普通手术。

做还是不做，他们需要做出抉择。

钱锺书再也经受不住病痛的折磨了。最终他们一家三口决定做这个手术。

手术进行了六个多小时，一直到夏天钱锺书才痊愈。

身体恢复后，钱锺书又开始了《管锥编》的续写，他希望在有生之年能完成这个事业。杨绛心疼他，经常用商量的语气说："要不，咱下面的就不写了吧！"

她知道这是劝不住的，只能让他多休息，带他多下楼走动走动。然而，杨绛的精心照料并没有让钱锺书免于疾病的困扰。

1994年，钱锺书再一次病倒了。他先是发烧，住院后医生告诉他膀胱部位出了问题，有癌变的情况。无奈之下，他再一次动了大手术，接着医生又发现他的右肾萎缩坏死了，不得已只好拿掉右肾。

钱锺书住院，痛苦的是他，受累的却是杨绛。她年事已高，女儿、医生、朋友都心疼她，希望她能雇个护工帮助照料。杨绛同意雇用护工，但她却不愿意离开医院。

他在哪儿，哪儿就是她的家。

杨绛太疲乏了，偶尔会在病床边打个盹儿。钱锺书有失眠症，睡不着时会自己摸索着找安眠药。

杨绛听见动静，问他："找安眠药？"

钱锺书怕吵到她，让她不要开灯，无须帮他找。杨绛不听，起身按亮了壁灯，端了温水，看着他把药片服下去。之后她又拿出一片，钱锺书夺了过去。

杨绛有些生气："这不公平，在家时不是我吃安眠药你也陪着吃吗？你说过中毒咱俩一块中，岂可让我独中乎？"

她哪里需要安眠药呀？她最近很累，夜里睡觉打呼噜比猫都响。可是，他病了，她能怎样陪他一起吃这苦呢？怕是只能陪他吃吃药了。

钱锺书病愈不久再次住院，之后一住就是四年有余。他切掉肾后，做血液透析，身体承受着极大的痛苦。杨绛不能陪他一起吃这苦，非常着急，急得眼睛出了血。

因为药物的副作用，钱锺书开始不能正常说话，但头脑却十分清醒。后来，他渐渐不能进食，只好采取鼻饲法。

1995年7月，钱锺书神志还算清醒，只是大多数时候都在闭目养神。他的病房门前挂了"谢绝会客"的牌子，不过仍有人前去探望他。

这一时期，杨绛每天九点左右去送些食物，十一点左右离开。钱瑗夫妇工作忙，周末来照顾爸爸。

杨绛为了让钱锺书吃得有营养，会给他熬鸡汤或鱼汤，然后就着医生的营养液一起输送到钱锺书的胃里。

有一次，吴泰昌去看望杨绛，那时她正在厨房为钱锺书煮西洋参汤。她说，第一遍、第二遍给他喝，三四遍煮的汤她自己喝。

他问，钱锺书喝下这汤感觉如何？杨绛说，看样子还不错！

在照顾钱锺书的这段时间里，杨绛尽量表现得优雅从容，让钱锺书不要担心她。但是，她并非铁人，更何况自己也是一位年事已高的老人了。她在给友人的信中说："我实在太疲劳了，不得不要女儿代我送去，让我休息几天。但我女儿工作极忙，我又心疼我的女儿。"

为此，杨绛不得不睡得很晚，有时夜里两点多钟才睡。之前，钱锺书嘲笑她读小说多了会睡不着，现在她真的睡不着了。

杨绛是乐观的人，她纵是有泪也从不轻弹，纵是有难处也极少向人去诉说。包括她的女儿。

钱瑗工作极忙，身上头衔也多。她是中英合作项目负责人，是《英国语言与文学》的编委，同时，还是全国高校外语专业指导委员会和北师大学术委员会、学位委员会等组织的委员。

这还不算，她还担任着校评审文员，以及外语学科评审组长。这一个个头衔、一份份责任让她忙得身心俱疲。

这样忙碌的女儿，杨绛怎么能不心疼？怎么忍心让女儿来帮助她照顾钱锺书？只是女儿有孝心，更心疼妈妈，自然期望自己帮妈妈多分担一些。

此时，钱瑗已人到中年，也并非"钢铁侠"，不久她因超负荷工作病倒了。

她先是咳嗽，继而腰疼。她以为是劳累所致，随便买了药缓解疼痛。直到她腰疼加剧，无法起床，才被北师大的同事送进医院。

这一住院才发现，原来她的病比爸爸还重。

1996年春，钱瑗被诊断出骨结核，脊椎有三节病变，不排除有癌变的可能。不久，她又被检查出肺有问题。再经专家会诊，被确诊为肺癌晚期。

肺部积水，癌细胞已扩散。

这样的消息，该如何告诉杨绛，告诉钱锺书？

晚年的杨绛，守着生命垂危的钱锺书已是悲痛至极，如今又要丧女，她要怎样去面对？

钱瑗知道妈妈一定无法面对，所以她不愿意见妈妈，怕看见妈妈心痛的样子。只是，病容不得她任性，不久她的病情高危，必须要安排身后事了。

1997年3月初，她知道自己的日子可能不多了，提出要见妈妈。3月4日下午，钱瑗永远地离开了这个世界。

有太多人不知道杨绛是怎样挺过来的，被问及时她也只是说，她是留下来打扫战场的人。女儿去了，她要打扫女儿留下来的战场。

她不是坚强，不是不痛苦，她只是没有时间去痛苦。她要照顾正在住院的钱锺书，她要假装女儿还在，她要假装自己心情平静，什么事也没有发生。

或许装得久了，就会当作那个人从未离开过吧。

杨绛说："悲痛是不能对抗的，只能逃避。"

她逃避钱瑗的去世，所以她没有去参加女儿的葬礼。她如往常般安静，去给钱锺书送饭，然后跟他聊天，给他松松筋骨。

她或许还会跟钱锺书讲一两个笑话吧。逗逗他，也逗逗那个悲痛万分的自己。

毕竟，她也是一个调皮、淘气的人啊。

杨绛甚至自我安慰地说，女儿去了更好，胜过让她承受父母离去的悲痛！这一切的苦，让我来承受吧。

钱锺书走了没什么，若剩下他自己，他要怎么活啊？算了，让他安静、体面、放心地去吧。

此时，钱锺书还处在半混沌中。他不知道外面发生了什么，他只知道，这人年岁大了，就真的只剩下他和季康相依为命了。

女儿，不能说的秘密

女儿生病后不能来看钱锺书了，他难道没有怀疑过吗？为了安抚钱锺书，杨绛只好说，钱瑗得了小病住了院，不久就会好的。

钱锺书听完好久不说话。停顿了一会儿，他自我安慰地说："坏事变好事，她可以好好地休息一下了。等好了，也可以卸下担子。"

钱锺书看得开，杨绛心里得到不小的安慰。这个女儿太懂事了，看上去很健康，很壮实，让人有种"不休息也没事"的错觉。现在她病倒了，多休息一下，确实是坏事变好事了。

他们回忆着小时候的钱瑗，那时她虽然脸蛋红扑扑的，但是也病过几天。女儿病了，做母亲的便要每日操劳、忧心忧虑，杨绛多希望她得的只是一场重感冒啊。等她脸上又红润了，她还是她最爱的女儿。

钱锺书见杨绛不动声色地忧愁，反而安慰她，叫她别愁。这时，杨绛突然觉得，假如他永远都不知道真相该多好啊。

钱锺书心里想着钱瑗，但嘴巴上并不说。他怕提及太多，杨绛忧心。但是，他尽管发着烧，精神萎弱，却关心着女儿的一切。

钱锺书不能再吃东西，杨绛还是会想要知道他到底想吃什么。有时，她会把女儿吃的饭告诉他，探查他的心思。见他无意于吃的东西，杨绛又只好告诉他，现在女儿在医院里很好。医生很照顾她，她还能读侦探小说，还爱上了读菜谱。

她还告诉钱锺书，钱瑗的病房里满是鲜花，不断地有同事、学生去看望她。钱锺书听完，依旧面无表情，好像对这些东西并不感兴趣。

自他知道钱瑗得病以后，他话说得少了，精神也懈怠了。之前，他会跟杨绛聊聊天，现在只是杨绛说，他听了。

他们一家三口，每个人都很难受，但每个人又尽量地表现出轻松的样子令他人放心。

有一次杨绛去看钱瑗，快走到病房时，无意中听到了隔壁房的谈话。

一位男士见钱瑗照CT，便问一位女士："她（钱瑗）知道自己得了什么病吗？"

女士说："她自己说，她得的是一种很特殊的结核病，潜伏了几十年再发作，很厉害，得用重药。她很坚强。真坚强。只是她一直在惦记着她爹妈，说到妈妈就流眼泪。"

杨绛听完，好像心上被人捅了一刀。

钱瑗住院太久，病情终究是瞒不住钱锺书的。于是，杨绛只好讲实话，说她的情况并不乐观，是潜伏几十年后复发的结核病，比原来厉害。

钱锺书听完，依旧表现得很平静。他不想让杨绛担心，不想让她倒下。

钱瑗做CT，钱锺书抽肺水，两个人的身体都承受着极大的痛苦，杨绛一想到这里，心上就长"血泡"，就满含热泪。

有一段时间，杨绛常常做梦，梦里尽是钱瑗和钱锺书。

她记得，钱瑗去看望钱锺书，钱锺书还劝她回去。

钱瑗说，爸爸，我的病完全好了，你放心吧。说完，她的脸上挂了微笑。

不知何时，杨绛醒过来了，才发现钱瑗已经没影儿了。待她去医院看望钱锺书时，他竟神奇地说阿圆来看望过他。

杨绛平静地说："是你叫她回去的吧？"

钱锺书有些吃惊："你也看见她了？"说完，他又说，"我看见的不是阿圆，不是实实在在的阿圆，不过我知道她是阿圆。我叫你去对阿圆说，叫她回去吧。"

钱锺书心疼钱瑗，只能不"见"女儿，让她赶紧回去。他知道她的孝心。她惦记着爸爸，又放不下妈妈。他在女儿的眼睛里，看到了她的抱歉。

那一刻，杨绛看到了钱锺书眼里的苦和心上的泪。原来，他们的心都不是铁做的，心里都会长"血泡"。

1997年4月22日下午，吴泰昌去医院看望钱锺书。他无意中提到钱瑗时，杨绛立即给他使了个眼色，并把他拉到了病房外的过道里。她说，自己还没有把钱瑗的事告诉钱锺书，不知道他能否承受得住。

顿了顿，杨绛又说，他心里清楚，只是没力气说话。

钱瑗来"告别"的时候，钱锺书便已知道他最爱的女儿要走了。他让她回去，是希望她回医院，回婆家，回三里河的家。

谁知病情将她拉进了天堂。她去了，他假装不知道，才能让杨绛好受些吧？

原来，有时一个人坚强，并不全是在做给自己看的，还是在做给别人看。

医生说，钱老先生受得住，可以将钱瑗去世的消息告诉他。经医生同意，杨绛找了一个钱锺书烧得有些迷糊的时候，轻轻地跟他说的。

她一边摸他的手，一边轻轻地跟他说："阿圆是在沉睡中去的。"

接着，她把钱瑗的所有病情都告诉了他。这个秘密最终还是说出来了，她释然了不少。

过了一会儿，杨绛又安慰钱锺书说，住院太痛了，现在她没有痛感了；学校里太忙，现在她也不用忙了。最主要的是，自钱瑗出生后，她就成了他们夫妻最大的牵挂，现在再也不用牵挂了。

多么好的一件事啊！可是，杨绛越这样说，心就越痛。钱锺书听完，没有睁开眼，只是点了点头。

杨绛知道，他比她还难过。他已是将死之人，失去女儿的痛能承受多久？杨绛不一样，她要痛很久很久，且还要再增添一个失去他的痛苦。

他不能让她看到他心里的苦，他只能假装迷糊，让病情来掩饰自己内心的脆弱。不过，杨绛说钱锺书是个乐观的人，对生死看得很开，钱瑗的事他虽然很痛苦，但还是坚强地挺过来了。

他和杨绛都是那种不善于用眼泪表达自己情感的人。对于痛和苦，他们心照不宣，但是对方又都知道，他（她）一定很苦。

1996年12月16日，中国作家协会第五次全国会员代表大会在北京召开。这次大会，与第四次代表大会相隔十一年，十分重要。

　　会议期间《文艺报》由周三刊改为日刊。为了表示这次大会的重要性和历史性，报社约请了几位因身体原因无法出席会议的文坛前辈。在这次大会上，钱锺书和杨绛商量了一下，用"向大家问好！祝大会成功！"一语，表达了自己的心意。

　　在这次大会上，巴金当选为主席，冰心当选为名誉主席，钱锺书为作协顾问。

　　那时，他的钱瑗还没有去世，还是"我们仨"。现在，他们一家三口失散了，钱瑗走了，杨绛回到了三里河寓所里，而他还躺在医院里。

　　他们仨，在他住院的那一刻似乎就已经失散了。

　　之前，他们仨聚在一起，随处都是新奇事，现在，他们仨失散了，人生各自已剩苍凉。

　　唯有这副皮囊还留在世间，受着苦，承受着痛。好在钱瑗走了，再不用痛了，也无须对父母表达愧疚了。

　　让她好好无遗憾、无愧疚地走，才是他最大的心愿吧。

我走了，你要好好活

　　身边有几位友人在各自的领域已获得不小的成就。这原本是件开心的事，可他们却过得不开心。吃的、喝的、玩的、住的，都有了，人生还能再追求啥？一时间，他们觉得人生无味，不知道长路漫漫，到底要如何走下去。

杨绛说，她这一生不空虚，活得很充实，也很有意思，因为有他们仨。正是因为他们仨没有虚度此生，所以到老回忆大半生时，尽是收获。

一开始，他们仨只求一家人在一起，与人无争，与世无求，相守、相聚在一起，各自做力所能及的事。假如遇到了困难，那么他们便一起承担，困难也就不再是困难。后来，他们仨失散了，她便一个人担起他们俩的责任，为他们打扫战场。

不止杨绛，钱锺书的一生也不空虚。他几经磨难，人生大起大落，却始终一心向学，终成一位德高望重的学者。他这一生，太充实了，从不肯虚度一分一秒。

追求名利、金钱、吃喝玩乐的人，纵是人生能获得小小的成就，终究填不满欲望这个大坑。当他们越陷越深，也会越发地觉得空虚。与之相反，人有大志向，有自己一生的追求，就算最终未能获得成功，也会有巨大的收获。

钱瑗虽不算闻名遐迩，但她在爸爸妈妈的教育下也硕果累累。她这一生，也很充实，因为她也从来没有虚度过光阴。

缠绵病榻，整日与病魔抗争，大约是这世间最痛苦的事了。假如这世间只剩下钱锺书，他大概挺不了这么久。正因为她们俩，所以他愿意好好地活着。

1998年11月21日，钱锺书在医院里度过了他生命中的最后一个生日。在他度过生日后的十多天里，他的情绪还算平稳。12月初，他突发高烧，经过专家多次会诊，高烧仍持续不退。

杨绛心急如焚，知道大事不好。不久前，她常常做梦，梦见钱锺书走了。她追不上去，喊也喊不应。

钱瑗去世时，她也做了类似的梦。那时，是她来告别，这一次是他要走了。

她记得钱锺书强睁着眼睛招呼她，她看他倦了，累了，心疼地说："你倦了，闭上眼，睡吧。"

他说："好好里（即好生过）。"

该来的还是来了，她知道不会有明天了。在眼前一阵眩晕里，她不知道自己有没有跟他说"明天见"。

她表现得很平静，想让他放心。她知道，假如她露出哀痛的神情，他走得一定不会安心。

她用无锡话安抚他，祝福他。钱锺书停止呼吸后，杨绛亲吻了他的额头，并久久地贴着他脸颊。

她终于可以表达她的不舍之情了。

钱锺书生前留下遗嘱，对身后事做了最简单的安排。杨绛宣布道："遗体只要两三个亲友送送，不举行任何悼念仪式，恳辞花篮花圈，不保留骨灰。"

12月21日上午8时30分，医院在征得杨绛的同意后，对钱锺书的遗体进行了解剖。11时，医院医护人员工作结束后，为钱锺书穿上了他生前最喜欢的衣服。他穿的衣服里，有杨绛亲手打的毛衣。杨绛曾想把这些旧衣捐出去救灾，他拦住了。他舍不得，说："这是'慈母手中线'，其他衣服可以捐，这几件得留着。"

杨绛特意为他留的旧衣，结果成了他的寿衣。

穿上他熟悉的、更暖和的衣服，黄泉路上才不会冷吧。

11时30分，在北京医院告别室进行了简单的遗体告别仪式。为了尊重钱锺书的遗愿，告别室里没有挽联，没有挽幛，没有鲜花，只有洁白的床单和松柏树、万年青。

杨绛把一个亲手扎制的插有勿忘我和白玫瑰的花篮放在了钱锺书身边。她望着他，他好像仍是玉树临风的一美男子。他头戴深蓝色贝雷帽，身穿一件黑色呢子大衣，系着灰色围巾，静静地躺在棺椁里。

他只是睡着了，杨绛想。

下午2时40分，在八宝山火葬场进行了第二次钱锺书遗体告别仪式。这个灵堂依旧简朴，没有鲜花，没有哀乐，前来送行的也不过二十多人。

3时左右，钱锺书的遗体推送到了火化车间。杨绛掀开白布，仔细地凝视着钱锺书。火化间的门关上时，家人劝她离开，她拒绝了："不，我要再站两分钟。"

没有悲伤，没有眼泪，只有最为郑重的告别。

熊熊大火燃起，一切都将化为灰烬。好的、坏的，情啊、爱啊，都随着那个人一起消失了。

人们常说，情深不寿，好在他们活得够久，这便是给他们爱情最好的回报。

钱锺书遗体火化后，杨绛和家人当晚便将他的骨灰就近抛撒了。

不留遗迹，是他们仨共同的心愿。后来，杨绛也留有此类遗嘱，希望自己也能从虚空中来，再回到虚空中去。

人这一生，本就留不下什么，能看开生死，皮囊自然就无足轻重了。

钱锺书去世时，杨绛的身体并不好。她非常瘦弱，走路需要扶着墙。这些年，她长期奔波于两家医院，照顾重病的女儿和丈夫，实在心力交瘁。

他们去世后，杨绛陷入了深深的失眠的痛苦中。每天晚上，她需要吃两次安眠药才能入睡。如果半夜醒了，便再吃一次，接着睡。既然悲痛难以缓解，那便选择逃避。此后，杨绛拿起笔，彻底地潜心读书、写书了。

此前，她是钱锺书的"灶下婢""守门人"，一切以他为主。现在，她要好好地做学问，缝补他生前的著作、笔记。

在那些她熟悉的、有温度的字里，她和他还能再次相遇。读着他的笔记，写一写他们仨的回忆录，就当他们从未离开。

杨绛还住在三里河寓所里，屋内陈设和往常并无不同。在这个家里，杨绛没有挂钱锺书和钱瑗的遗像。就让他们停留在回忆里，脑海里吧。

杨绛说："我们三人就此失散了。就这么轻易地失散了。"现在，他们的家已不是家了。活着的她只是一个旅客，三里河寓所也成了她暂时寄居的客栈。

只有让他们活在笔下，他们仨才不会失散。

钱锺书的身后事，杨绛尽量照他的遗愿办。他最后的"好好里"，也让杨绛变得更加坚强。

她不能离开，不能随他而去，只能遵他嘱托，不负他的意愿，好好地活下去。

后来，有人想写杨绛的传记，她却说，我只是一个平凡的人，不值得你们作家写我。我还是劝你们不要在我身上费心思了，还是花点功夫研究钱先生的学问吧。

假如钱锺书的遗愿，是希望杨绛好好活，那么杨绛的遗愿，则是希望给世人一个更为全面的钱锺书。

她只希望，人们将焦点放在钱锺书身上，而不是她身上。至于她自己，她并无所求。百岁之后，杨绛偶尔用小楷笔练字，抄一抄钱锺书的《槐聚诗存》。她说："练练字，也通过抄诗与他的思想诗情亲近亲近。"

有他"在"，她才能好好活，好好地为他们打扫战场，尽她应尽的责任。

你不写的传，她来写

有人建议钱锺书写一本自传，他却认为回忆最为靠不住，因为它最会捉弄人。在钱锺书看来，回忆本质上是心理功能的事，作家陷入回忆写自传，便是心理功能与作家的恶作剧，所以他不愿意让心理功能捉弄自己。因此，他才说："自传就是他传，他传就是自传。"

意指，写传的事还是让他人来吧。

钱锺书在世时，也有人在创作他的传记，他十分关心这件事，多次与创作者见面会谈。可见他虽然不支持有人写他的生平故事，但是为了给后人一个交代，他还是愿意配合作家创作他的传记的。

钱锺书去世后，为他写传的人又多了一个。确切地说，这个人不仅在写他，还在写他们一家三口的生活。

这个人便是杨绛。

杨绛在《我们仨》中写道："现在我们三个失散了。往者不可留，逝者不可追；剩下的这个我，再也找不到他们了。我只能把我们一同生活的岁月，重温一遍，和他们再聚聚。"

在当代学者和后人眼中，钱锺书是百年奇才，整个20世纪的中国，几乎无人能比钱锺书更博闻强记。他的"打通"，有着难以模仿的高超的智慧。假如人们误以为他的博闻强记让他变得博学，那便大错特错了。

因为博闻强记的只是知识，唯有经过吸收、消化、反刍之后，才能变成学问。在学问之上形成自己的系统，才能升华为一种智慧。

所以，具有聪明才智的人才易得，具有高超智慧的人才不常见。

钱锺书的思想不受某一家限制，在有为中做到了"无为"。他自律、爱人、宽容、诲人不倦，有儒家的气度。他淡泊名利，甘心退隐研究学问，有道家般的出世之心。同时，他还有佛家对于生死、物质世界的看破。除此之外，他还对中西方文化极为热爱，对一切学问敞开了胸怀。

他并非想要成为德高望重的大师，他只是想做做学问，以自己求知之心，在这条路上永远探索下去。但在他孜孜以求的努力之下，加上他的天分，他不知不觉地活成了一代大学问家。

古人言，书中自有黄金屋，书中自有颜如玉，书中自有千钟粟。

这"黄金屋""颜如玉""千钟粟"，钱锺书都在书中找到了。不过，他的收获远不止于此。一个人崇高、伟大之后，一定是归于平淡、归于平凡的。

平凡，太难。因为一个人心中有学问，自然会表露出来。当他能归于平凡，便是收住了锋芒，将那学问凝结成了一粒丹砂。

归于平凡，是学问；甘于平淡，才是最高级的修养。

在杨绛的笔下，钱锺书正是这样平淡、平凡的人。

她知道，在世人眼中，钱锺书已经太伟大了，事实上在杨绛眼中，钱锺书的学问也非常了得，但她知道，人们不了解的是钱锺书的另一面。

在这位"颜如玉"眼中，钱锺书是调皮的，是"拙手笨脚"的，是牢骚不断的。在生活上，他是地道的白痴，连穿衣服也要有人帮助。在学问上，他好像只是在读书、写书、教书。他若不是用作品证明了自己，世人还真会误以为钱锺书是一位迂腐的、读死书的老顽固呢。

然而，我们知道，这就是钱锺书的真实生活。他们一家三口，除了吃饭、教书以外，也只剩下读书、写文章了。在外人看来，这样的生活可不迂腐吗？可想要做好学问就必须在一条路上不断地耕耘下去。

莫说钱锺书和杨绛，纵是事业有成之人，也少不了"如痴如醉"地全情投入。

这世间事，没有哪一件是容易成就的，更何况要做一个有学问的人。

在传记作家的笔下，钱锺书的人生、学问、事迹、故事，一定是浓墨重彩的。这并非作家刻意的烘托，只因为平实的日常，很难会记录到资料中。今天吃了一碗面，明天煮了一碗粥，后天读了哪本书，这些琐碎的小事也只能在提炼好主题的情况下，镶嵌到文章里去。

这些只是传记中的小记录，不会成为一本书的大主题。

不过，在杨绛的笔下，她却写了很多日常。那些家长里短、日常逗趣、读书对话，她写得浓墨重彩。读杨绛的书，你通常不会大笑，但会不知不觉地嘴角上弯。然而，关于人生重大的生离死别，她却写得极为平淡，平淡到生死如同一片落叶，那么轻，那么轻，好像生命从无重量。

在轻到失去重量的文字里，你却会重重地落泪。不知道为什么，就是一瞬间被击中了心脏，眼泪跟着掉下来。

眼泪流得没有原因，甚至没有撕心裂肺，但过后再回味那眼泪，却又是那么地轻。

可能生命真的没有重量，有重量的只是身体吧。

西汉刘向曰："书犹药也，善读之可以医愚。"一个人多读书，确实可以医愚，但对于杨绛来说，书确实如药。她在编撰钱锺书笔记，书写他们仨回忆录的同时，也在医治着自己。

她用书写将钱锺书归向了平凡、平淡，又用编撰的方式，将钱锺书推向了伟大。不得不说，钱锺书的故事和学问，因为有了杨绛的助力，才变得更加完整。否则，我们只能读钱锺书创作的书，不会读到关于他的故事和笔记。同时，也无法读到钱锺书的另一个"作品"——钱瑗。

在钱锺书和杨绛的生命里，他们最大的遗憾便是钱瑗。她是杨绛的"生平杰作"，是钱锺书眼里的"可造之材"，是钱基博心目中的"读书的种子"。她是材，是种子，但也只是发了点芽，还未等到成大材。

对于这个遗憾，杨绛说："做父母的，心上不能舒坦。"

在父母眼中，钱瑗是一位单纯的公主。她工作拼命，有责任心，对学生无限地爱护。父母心疼她，让她"偷点儿懒"，她也只是摇摇头。

钱锺书劝人时也说过，书要慢慢地写，莫要为了写作搞坏了身体。他或许劝住了别人，但却未能劝住女儿。

钱锺书一生不求名，却因为躲不了名承受了不少烦恼。钱瑗那时并无成名之扰，却少不了责任心带来的烦恼。

杨绛说："假如他没有名，我们该多么清静！"

可是，人世间偏偏没有清静。换句话说，我们普通人有太多清静，清静到只能用手机、娱乐来打发时间，所以我们会渴望成名，渴望自己忙碌一些。

我们一旦获得了某些东西，必然会渴望新的东西。正因为我们无法活在当下，所以我们注定一生坎坷。

无论伟人、学者、英雄，还是普通人，都不过是世间的旅客，最终都要回到虚无中去。

生命就是这样脆弱，回忆也往往会随着时间的流逝而消失。假如杨绛再不写点儿什么，他们怕是真的要散去了。

还好，她用文字将他们又一次聚到了一起，让后人看到了不一样的钱锺书，也让我们相信了，他们仨虽然走了，但许多事或许永远没有再见。

只要有文字，人们就总有与他们仨再相见的机会。

这就是文字的魅力，也是杨绛晚年写书的真正意义。